恋愛資本主義
社会のための

# モテ強
# 戦略論

The Bible of Winning
a Woman's Heart
by Chihiro Katsukura

勝倉千尋

実業之日本社

# はじめに

この本は、あなたがこの恋愛資本主義社会で勝ち、女性をゲットできる「モテ強《キョウ》」に生まれ変わるためのバイブルです。

本書は、そのための「戦略」を詰め込んでいます。

おかしな話で、
いい学校に入るためには学習塾があり、
いい会社に入るためには就活セミナーがあるのに、
**いい恋愛をするための学習機会が乏しいのは、一体なぜでしょうか。**

あまりおおっぴらにされていないのですが、
受験戦争や就活戦線と同様に、**恋愛も、今や無慈悲な自由競争と市場原理に支配されています。**

あなたの周りを見渡してみてください。

やたらとモテて、彼女の他にセフレが何人もいるようなチャラ男がいるかと思えば、まったくモテずにいる男性もいるのではないでしょうか。


つまり、**弱者は排斥され、強者のみが実りを独占している**のです。

モテるものがモテ、モテないものはモテないこのシビアな現代を、私は**「恋愛資本主義社会」**と名付けています。ひと昔前は、ほとんどすべての人が結婚できていた「恋愛社会主義社会」だったのですが、そんな牧歌的な世界の名残は微塵も感じられなくなってしまったのが今です。


厳しい競争には「訓練」や「対応策」がつきもので、その証拠にお受験ママはお子さんをSAPIXに入れるし、大学生はセミナーや就職課に通うし、企業はコンサルを入れます。

しかし、なぜか恋愛に関してだけ、そういったものが乏しいのが実情です。

「恋愛なんて誰しも自然とできるもの」

「色恋に躍起になるのは恥ずかしい」

「わざわざ恋愛を学ぶのは非モテの証明」

とする社会の風潮があるせいか、恋愛を学ぶ機会はまだまだ限定的となっています。

ですが、熾烈な競争で勝たなければいけないのは同じなのに、**恋愛だけ学ぶ機会がないのは、あまりに不自然ではないでしょうか。**

天性の素質でモテたり、周りの環境が良かったりして「モテスパイラル」に入れた人はいいのですが、そうでなかった人にとって、**恋愛をイチから学んで挽回するチャンスがないのはひどい話だと思います。**

モテなければ彼女ができないのだから、恋愛の仕方を学ぶ機会は、万人にもっと開かれているべきです。

私の生業である**「モテコンサル」**という仕事は、そうした問題意識から生まれました。
世の中に「ナンパで千人斬りする方法」「即日ホテルへ連れ込む方法」などの「手早くセックスする方法」は溢れていますが、**「男女の中長期的な恋愛関係の作り方」を語れる人はほとんどいません。**

モテコンサルは**「中長期的に、男女ともに幸せな恋愛をすること」**が基本方針です。
非モテを脱却したい方、もっといい恋愛をしたい方などを対象に、「その人の理想のモテに近付く方法」を日々レクチャーさせて頂いております。
彼女をゲットするばかりか、中には結婚に至った方もいて、大変嬉しく思っています。

この本には、**モテコンサルで培った数々の知見のすべてを入れ込み、「恋愛資本主義社会で勝てる、モテ強になるための戦略」をまとめました。**

○ モテたいけど、どうしたらいいかわからない
○ 好きな子から好かれたい

○女性の気持ちがわからない
○今よりもいい恋愛がしたい

そんな悩みを抱えている人でも、モテ強となり、これから幸せな恋愛を楽しんでもらいたい一心で書いています。

本書の大きな特色は、以下です。

○コンサルで得た数百の事例をもとに分析し、普段はなかなか聞けない、女性の本音を交えて戦略を練っていること
○私はマッチングサービスを運営しているのですが、そこで吸い上げた多くの女性のナマの意見と、男女のマッチングの傾向から分析した、「どういう人が女性に選ばれやすいのか？」という知見も惜しみなくつぎ込んでいること

この二点から、ここでしか読めないオリジナリティがあり、リアルな実態に即した実践的な内容になっていると自負しております。

ハッピーラブライフを送るために、いざ出陣です！

# 第1章 女ゴコロの真実と恋愛のルールを知る

## 第2章 モテ強の恋愛マーケティング戦略

第3章

# モテ強の会話戦略

## 第4章 モテ強の口説き戦略

# 第5章 モテ強のセックス戦略

最終章

# 本当に幸せな恋愛のために

第1章

# 女ゴコロの真実と恋愛のルールを知る

モテるためには、
恋愛資本主義社会の
ルールを知る必要がある

# 非モテのままだと淘汰される

## 一億総モテ時代から、弱肉強食の恋愛資本主義時代へ

たいへん心苦しいのですが、まずあなたに残酷な真実を申し上げなければいけません。

「非モテのままだと女性から選ばれないし、恋人もできないし、生殖できない」

なんでだ！　ひどい！　差別だ！　許せない！

という男性の阿鼻叫喚《あびきょうかん》が聞こえてきますが、これが事実なので落ち着いてお聞きください。

前提として、**女性からすると、恋愛とは、純然たる差別の結晶**なのです。

それは女性の体の仕組みが、1年という長い時間をかけて子どもを育み、命を懸けて産み、長期間養育するという、「生殖コスト」が非常に高い仕様になっているのが理由です。

男性と比べて、この生殖コストは女性が圧倒的に高いんですね。

図表1-1　50歳時未婚割合の推移と将来推計

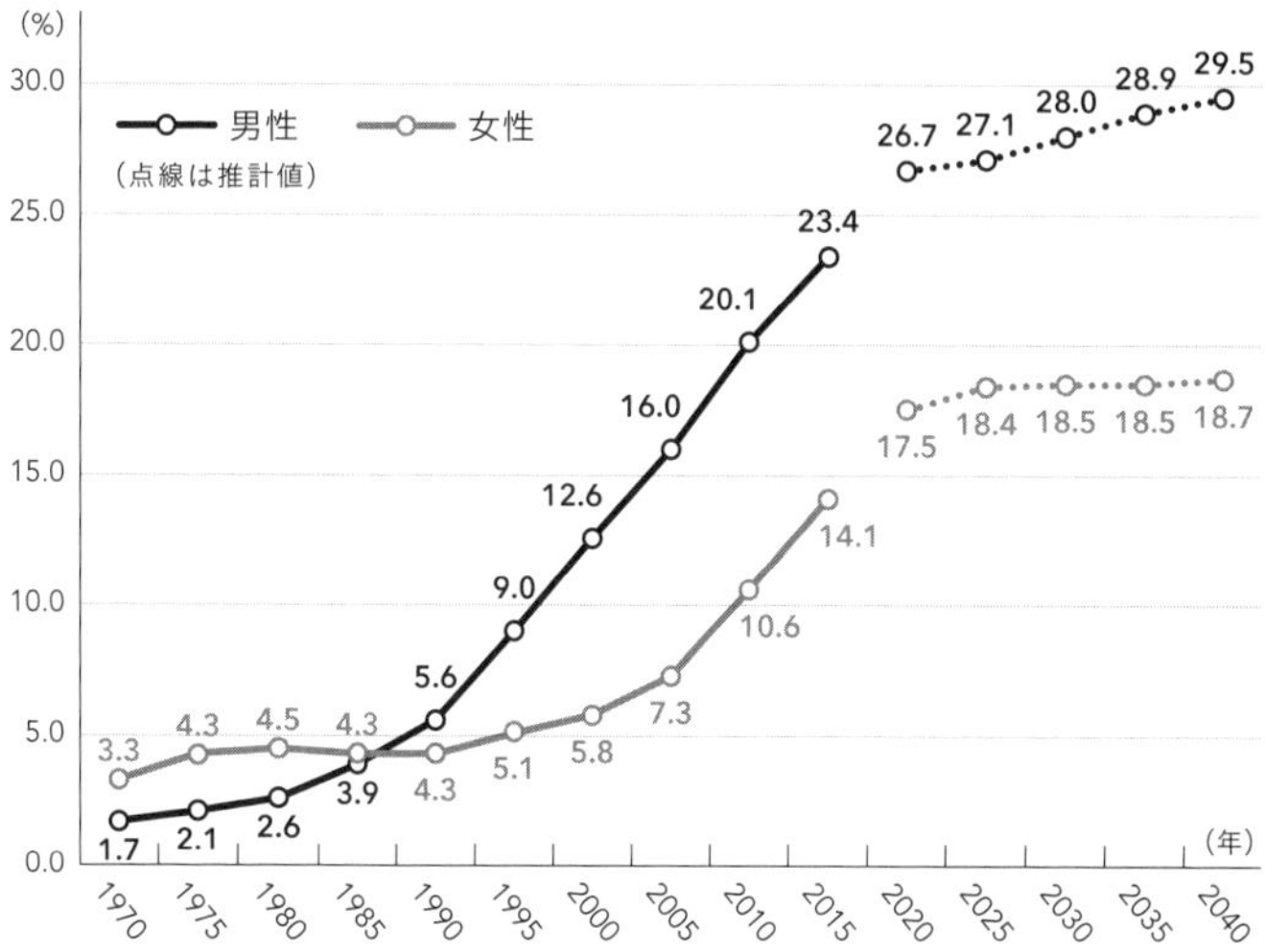


(注)45〜49歳の未婚率と50〜59歳の未婚率の平均。
(平成30年・内閣府「少子化社会対策白書」より)

なので、口説いてくる男性すべてを無差別に愛せる女性はほぼいません。たいていは言いよってくる男性の中から、「これは！」という1人をゴリッゴリに選別します。

「この男の精子は受け入れて、この男のは絶対ダメ」

女性はこの人権が尊ばれる社会において、平等意識のかけらもない差別をごく日常的に行なっているのです。

それゆえに、この本を手に取ってくださっているあなたは、女性から「選ばれる」存在になる必要がありますが、ここで残酷なルール変更をお伝えします。

### 図表1-2　調査・年齢別にみた、性経験の有無別未婚者の割合

| | 男性 | 第9回 (1987) | 第10回 (1992) | 第11回 (1997) | 第12回 (2002) | 第13回 (2005) | 第14回 (2010) | **第15回 (2015)** |
|---|---|---|---|---|---|---|---|---|
| 性経験なし(%) | 18〜19歳 | 71.9 | 70.9 | 64.9 | 64.2 | 60.7 | 68.5 | **72.8** |
| | 20〜24歳 | 43.0 | 42.5 | 35.8 | 34.2 | 33.6 | 40.5 | **47.0** |
| | 25〜29歳 | 30.0 | 24.8 | 25.3 | 25.6 | 23.2 | 25.1 | **31.7** |
| | 30〜34歳 | 27.1 | 22.7 | 23.4 | 23.4 | 24.3 | 26.1 | **25.6** |
| | 総数(18〜34歳) | 43.1 | 41.5 | 35.7 | 35.3 | 31.9 | 36.2 | **42.0** |
| | 参考(35〜39歳) | … | 26.4 | 26.1 | 24.8 | 26.5 | 27.7 | **26.0** |
| 性経験あり(%) | 18〜19歳 | 24.3 | 25.1 | 31.9 | 33.3 | 31.5 | 26.0 | **23.4** |
| | 20〜24歳 | 52.7 | 54.8 | 60.0 | 60.1 | 57.5 | 56.3 | **48.9** |
| | 25〜29歳 | 66.6 | 71.3 | 70.6 | 69.3 | 66.0 | 71.7 | **65.1** |
| | 30〜34歳 | 68.3 | 72.3 | 71.3 | 71.0 | 64.3 | 69.9 | **70.1** |
| | 総数(18〜34歳) | 53.0 | 54.9 | 60.1 | 59.8 | 58.2 | 60.2 | **54.2** |
| | 参考(35〜39歳) | … | 70.1 | 70.4 | 69.3 | 64.8 | 68.8 | **69.9** |

(平成27年・国立社会保障・人口問題研究所「第15回出生動向基本調査」より)
(注)対象は18〜34歳の未婚者。
設問「あなたはこれまでに異性と性交渉をもったことがありますか」(1.ある、2.ない)。
ただし、第13回調査の選択肢は、(1.過去1年以内にある、2.過去1年以内にはないが、以前にはある、3.ない)。

**今の世の中は、いわば「恋愛資本主義社会」です。**

持てる者はモテ、持たざる者はモテない、そんな弱肉強食のモテ格差社会だということです。

ひと時前は違いました。

内閣府の発表によれば、男性の1970年の50歳時未婚率は1・7%と、ほぼ全員が結婚できた「一億総モテ時代」でした(図表1－1)。

しかし、時が下るに従って未婚率は年々増加し、2015年は23・4%もの男性が結婚から「あぶれて」います。

さらに国立社会保障・人口問題研究所の「出生動向基本調査」によると、未婚

者のうち「性経験がない」と回答した割合は、直近調査の2015年に30～34歳をのぞくすべての年齢で増加傾向、総数で見ても増加基調にあり、「モテ強」と「非モテ」の格差が年々広がっていることは明らかです(図表1－2)。

こうなった背景には、①女性の社会進出②社会の風潮の変化③テクノロジーによる出会いの変化、が要因としてあるように思います。

## ① 女性の社会進出の実現

男女雇用機会均等法が施行され、女性が社会的にお茶汲み腰掛けOL以外の役割を認められて以降、「女性が経済的に自立する」ことが可能になりました。

すなわち、**「経済的理由だけのために結婚する」という選択をしなくて良くなったのですね。**

「自分で食っていけるし、好きでもない男と添い遂げるくらいなら、独りでいたい」という選択肢を女性が選べるようになったのは大変喜ばしいことですが、恋愛においては男性に対する要求を引き上げ、モテ格差を拡大させる結果になってしまったようです。

## ② 社会の風潮の変化

「女性はクリスマスケーキ」という言葉を聞いたことがありますか？

昭和〜平成はじめくらいまでは、25歳を過ぎて未婚の女性は「売れ残り」「ハイミス」と呼ばれ、「結婚できなかった負け組」として社会からの厳しい視線に晒されていました。

この刺すような視線は、良くも悪くも「早く結婚しなくては！」と女性をせっつき、「私もそろそろこのあたりで手を打っておこうかしらん」などと、男性選びのハードルを下げていたんですね。

しかし、現代で「女性はクリスマスケーキ」などと発言しようものなら秒で人事に呼び出しを食らうレベルまで世の中は様変わりし、「結婚の適齢期」は実質なくなりました。

これの何が問題かというと、**「結婚のデッドエンド」が消え失せたことにより、女性がいつまでも「理想の王子様」を求められるようになってしまったことです。**

その結果、男女の立場が逆転し、今度は男性が「一定水準以上の男じゃないと認めない」という女性の厳しい目線から逃れられなくなってしまったのです。

## ③ テクノロジーによる男女の出会いの変化

インターネットが発達する前の男女の出会いといえば、友人の紹介やお見合い、職場などが主でした。

そうした出会いでは、お互いのレベルが大体釣り合っているものですし、その範囲内で「まあアリかな」と思われればいいので、わりと簡単にマッチングできていたのです。

しかし、現在は、マッチングアプリなどのおかげで世界中の異性と出会うことができるようになりました。これは**ライバル・比較対象の爆発的な増加を生み、「釣り合い」を無視した異性への自由なアプローチを可能にしました。**

男性であれば、相手とレベルが釣り合わなければ門前払いを食らうので目が覚めやすいのですが、女性は（体目当て含め）自分以上のレベルの男性にもリーチできたりするので、要求水準以下の男性には、目がいかなくなる現象が起きています。

出会いが階層型から無差別級になり、モテ強が圧倒的有利になったのも、恋愛慣れしていない男性にとっては、モテ格差を広げる手痛い変化といえるでしょう。

さて、このようなひどい世の中で女性をゲットするにはどうすればいいかというと、「モテ強者」になるしか道はありません。

非モテから、モテ強になるしかありません。

実は、恋愛においては、男性は「選ばれる性」です。

「選ばれる」ために自分を磨き、行動しなければなりません。

非モテのままでは選ばれないのだから、モテ強になって恋愛資本主義社会の勝者になる必要があります。

でも、安心してください。

いまや世のモテ強不足は深刻です。

なので、**モテ強のエッセンスを少しでも取り入れられれば、周囲の男性と比べて、簡単に頭一つ抜け出ることができます。**

この本には「モテ強」になるための答えをギッチギチに詰め込みましたので、一緒に「選ばれるモテ強」を目指しましょう♡

①非モテのままだと淘汰される
②男性は女性に選ばれる生き物
③ほとんどの男性は恋愛資本主義のルールを知らないので、ちょっと頑張るだけで圧倒的にモテる

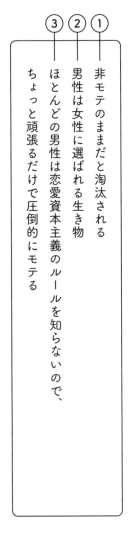

# 「真面目ないい人」が見向きもされない理由

## 現代の恋愛で最も重要な価値とは

「真面目に生きていれば、いつか報われるよ」

そう私たちは叩き込まれてきましたよね。

「ちゃんと真面目に」「清く正しく」生きてさえいれば、仕事もプライベートもぜんぶうまくいくと……疑いなく信じてきましたよね、だって学校で習ったもん。

しかし、厳しい恋愛資本主義社会の中では、**「真面目ないい人」なだけでは、全くと言っていいほどモテません。**

なので、「自分のウリは真面目なところ！」と自負されている方は、即刻その看板を下ろしてください。

「なんでや！　真面目ないい人って素敵じゃないの⁉」

と憤慨されるお気持ちはとてもよくわかります。

実際に私のところにも、多くの「真面目ないい人」がご相談に来てくださいます。

「自分は真面目に生きているのに、思ったよりモテない」

「なんでロクに仕事もしない男に、彼女がいるんだろう」といったお悩み、疑問を抱えているようです。

確かにみなさま、幼少期からとても良い子だったようです。

真面目に勉強をし、ちゃんと就職もして、悪いこともせず立派に働いている素敵な男性です。

しかし、モテない。

なぜだと思いますか？

女性は、本音ではこう思っているのです。

**「一緒にいて、楽しくないから」**

そう、彼らは今まで真面目に勉学に励み、仕事に打ち込んできたせいで、あまり女性とのコミュニケーションが得意じゃなかったりします。

もちろん女性が好むような気の利いた会話や気配りも、なかなかできない。

だから、つまらなくてたまらないんです。女性からすると。

「この人はちょっと面白みに欠けるけど、優しいし真面目に生きていて素敵！」などと、「いい人さ」だけを評価してくれる女性はとっくに絶滅しています。義務教育では教えてくれないのですが、シンプルな話で、**たとえ真面目ないい人でも一緒にいるのが楽しくないと、「つまらないから」二度と会ってもらえなくなるのが現実です。**

## 「一緒にいて楽しい」男じゃないと選ばれない

だから「真面目ないい人」というアビリティは現代の恋愛において、それ単体では全く役に立たないということです。まずこれを肝に銘じてください。

では、今の時代の恋愛において最大の価値はなにか？

それは、**「一緒にいて楽しい」という感覚です。**

これがない男性はどんなに真面目だろうが、いい人だろうが、ハイスペックだろうが、女性からは好かれません。


お見合い婚が主流だった過去においては、「真面目ないい人」というのもとても高い価値がありました。

たとえちょっとコミュ障でも、女性慣れしていない人でも、「堅物だけど、甲斐性があって遊びもしないから旦那向き」と好意的に解釈され、職場の上司経由や近所のお見合いおばさん経由で、バンバン女性を紹介されて、くっついていたのですね。


しかし、今は状況が異なります。
①女性が経済力を持って、「生活のため」に男性と結婚する必要がなくなったこと
②世の中が楽しいもので溢れていること
これらによって、**「真面目ないい人の価値」は暴落し、「一緒にいて楽しいと思わせて**

**くれる人」の価値が暴騰したのが現代です。**

お金は女性自身でも稼ぐことができるようになり、男性の経済力の重要性は相対的に低くなりました。

これにより、男性を選ぶ基準が「この人といれば食いっぱぐれないか」から、「この人と共に楽しく生きていけるか」にシフトしたのですね。

ですので、女性の立場に立ってみると、**「お金は稼げるけど、一緒にいて人生を楽しませてくれない男」を生涯の伴侶に選ぶ理由がありません。**

楽しくおしゃべりができて、趣味も一緒に楽しめて、お互いのことを理解して支えあえる……といった要素の方が、「一生を共に生きる」にはよほど重要です。

そのため、「一緒に楽しい時間を過ごせる」男性と判断されない限り、まるで相手にされなくなってしまったのです。

また、世の中に楽しいものが溢れすぎたことも、「真面目ないい人」が評価されない原因となりました。

今は楽しいものが無限にあります。スマホ１つで動画も漫画も見られるし、ＳＮＳで友達とすぐ繋がれるし、街に出れば「おひとりさま」でも楽しめる娯楽はたくさんあります。

はっきり言って、「真面目ないい人」なだけでは、面白さでこういった娯楽に勝てないのです。

「つまんない男とデートするくらいなら、家でYouTubeを見てた方がマシ」と考える女性はごまんといます。

現代はコンテンツが個人の時間を奪い合う時代で、それらに負けないレベルの「楽しい時間」が作れないと、女性はあなたとのデートより、家でAmazonプライムビデオを見ることを選ぶでしょう。

とはいえ、安心してください。

**「真面目ないい人」はモテないですが、「真面目で楽しくていい人」は爆モテします。**

今まで「真面目ないい人」一辺倒でモテなかった人も、そこにひとつまみの「楽しさ」をトッピングすればモテ強への道が開けるのです。

本書では、女性が喜ぶコミュニケーションについてガッツリ分析しているので、それを熟読して逆転ホームランを狙っていきましょう。

①「真面目ないい人」なだけでは、ウリにならない
②つまらなければ次はない
③「一緒にいて楽しい♡」と思われるのが大事

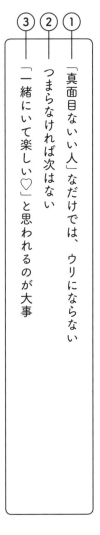

# 女性にとって男性とは「脅威」

**実は女性にとって、男性は潜在的な脅威でもあります。**

と言われても、男性はピンとこないと思いますので、例えてご説明をすると、街中の至るところに「基本的には危害を加えてこないけど、何かの拍子に人を襲いかねない体長3メートルの肉食ゴリラ」がうようよいる世界だったとしたら、それなりに怖いと思うのですが、女性にとっては、そのゴリラが男性です。

「失礼な！　女性を襲ったりするワケないだろ！」

と男性は憤りを感じるかと思いますが、まあちょっと聞いてください。

恋愛の文脈においては、**女性は「自分がＯＫサインを出した特定の相手にだけ好かれたい」と思っています。**それ以外の男性のことは、基本的になんとなく嫌いです。

なぜかというと、ひとえに「女性の方が圧倒的フィジカル弱者で、男性に本気で襲われたら逃げられないから」につきます。

男性は女性より圧倒的に力が強いですし、女性はその差を痛いほどわかっています。

**さらに女性は、「自分が性的魅力という宝物を持ち、それを男性が狙っている」ことにも非常に敏感です。**

仮に前述した肉食ゴリラの世界で、街の至るところに「人間ってうまいらしいぜ！」とアピールする表現が溢れていたら、「アッこいつら食う気まんまんやん（察し）」となって肉食ゴリラにとってつもない恐怖を抱くのではないかと思います。

それと同じで、女性はエロ広告やネットのエロコンテンツ、レイプなど性暴力に関するニュースをそこかしこで見かけたり、時には痴漢やセクハラで自分が被害にあっています。女性は「自分は男性の欲望の対象である」ことを日々刷り込まれ、男性に対し、「自分の宝物を奪うかもしれない」と潜在的な恐怖を感じているのです。

もちろん女性が、男性は全員が無体なことをしてくる暴漢だと思っている訳ではありません。

しかし、「自分が相手にとって魅力のあるものを持ち、かつ、狙われたらそれを奪われてしまう」以上、男性を「潜在的な脅威」として恐怖を感じ、遠ざけるのを誰が責められるでしょうか。

それゆえ、**男性がモテるために最初にすべきことは、「自分は脅威でない」というアピールをすることです。**

モテるためには、女性となんらかの接触ができるまで心を開いてもらう必要があるのですが、「こいつなんかヤバそう！」と思われると恐怖が先立ってしまい、遠ざけられてしまいます。そうなれば、接触の機会すら与えてもらえません。

具体的に言えば、マッチングアプリならマッチできないし、ナンパなら目も合わせてくれないし、合コンでは相手にされないということです。これではモテようがありませんよね。

「危害を加えてくる不審者ではない」と女性に思ってもらわないと、何も始まらないということです。

外見がダサすぎたり、不潔な男性はモテません。

「社会性や常識が感じられず、安心できない」からです。

目が合わせられない、挙動不審、コミュニケーションがうまく取れない男性はモテません。

「何を考えているかわからず、安心できない」からです。

必死すぎて、余裕のない男性もモテません。

「そこまで切羽詰まっているなら、何をされるかわからない」からです。

このように**「男性は最初は脅威として見られる」**ということを理解し、「不審者の壁」をクリアできないと女性と会話する機会にすら恵まれないということを、ゆめゆめ忘れないでください。

## ①
# 男性は女性にとって「脅威」

# 女性が求める2種類の男性像

## ドキドキと安心のはざま

女性から見ると、この世には2種類の男性がいます。

**ドキドキ枠と、安心枠の男性です。**

ドキドキ枠の男性とはなにか？

イケメンでセンスがよくスマート、女性の扱いに長《た》け、ナチュラルに腰を抱いたり頭をポンポンすることができ、かつそれを女性から歓迎されるような男性です。モテるので浮気もしがちですが、ドキドキには中毒性があるのでわりと何をしても許されます。

少女漫画のヒーローをイメージして頂ければいいのですが、いい例なのが矢沢あい先生のヒット作『NANA』のタクミとかですね。

一方で安心枠の男性とは？

稼ぎが良く、性格が温厚で優しく女性に尽くしてくれ、浮気のリスクも低く一緒にいて居心地の良い男性です。「いい旦那さんになりそう！」と言われるタイプですね。例えるなら『クレヨンしんちゃん』のヒロシや、『サザエさん』のマスオさんが該当します。

そして、ドキドキと安心のどちらの性質も兼ね備えているハイブリッド男性は、ツチノコなみのレア度で、ほぼ幻獣のような存在です。

ほとんどの男性がどちらかに分類されますが、割合としては、ドキドキ枠1：安心枠9といったところで、**大半の男性は「安心枠」に分類されます。**

なぜドキドキ枠が少ないかというと、ドキドキ枠の男性には、

①見ているだけで女性が濡れるほどの整った顔面を持っている

②多くの成功体験に裏打ちされた愛される自信に満ち、それゆえに大胆な行動を取っ

て女性をキュンとさせられる
といった難易度の高いスキルが必要なため、希少な存在だからです。

問題は、**恋愛市場において選ばれやすいのは「安心枠」の男性ではなく、圧倒的に「ドキドキ枠」の男性だということです。**

なぜか。

女性は幼少期に素敵な王子様に口説かれる『シンデレラ』を読み、『りぼん』や『ちゃお』でイケメンヒーローに壁ドンされる少女漫画に憧れ、海外恋愛ドラマや『テラスハウス』でしょっちゅう「キュン」やら「ドキッ」やらして振り回される女ヒロインにどっぷり感情移入して育っています。

そのため、**恋愛には「キュンキュン♡ドキッ♡」があるもの！　それ以外は「恋愛」じゃない！　と刷り込まれているのですね。**

世の中の多くの女性は「キュンキュン至上主義」なので、この感情を誘発できない男性は「ドキドキできない」という理不尽極まりない判断を下され、恋愛対象外になってしまうのです。

現代では恋愛の延長に結婚があるので、「ドキッ♡」がなくて恋愛ができない男性は、結婚も難しくなります。

ひと昔前のお見合い全盛時代は、恋愛と結婚が棲み分けられていたので、「結婚相手として良し」という判断基準がありました。

その時代であれば、安心枠男性の「安心、安全、安定している」という長所が十分に活かされて、少なくとも結婚することができたのです。

しかし、恋愛結婚が主流な現代においては、恋愛と結婚の棲み分けは解消され、一体的なものとなり、「恋愛→結婚」という順序を辿ることが一般的です。

すると安心枠男性は恋愛のフェーズで足切りを食らうため、自分の強みを永遠に発揮できず、あぶれてしまうという無慈悲な現実があるのです。

「なんやそれ！　安心枠は恋愛も結婚もできないやんけ！」

という絶望の声が聞こえてきますが、大丈夫です、安心してください。

ドキドキは、ある程度は演出できます。

本書を参考に、見た目を整えたり、女性が喜ぶ会話やエスコートをすれば、「ドキドキ枠と安心枠を兼ね備えたレア男性」に変身することが可能です。

また、女性は現実的な側面もあるので、年齢や属性によってはドキドキの優先順位が低くなります。

そこを的確に突いていけば、安心枠男性でも十分にモテることが可能です。

① 世の中にはドキドキ枠と安心枠の男性がいる
② 安心枠の普通の男性でもドキドキを学べば、激レアなハイブリッド男性になれる

# モテたければ「生殖可能ゾーン」に入れ！

## おじさんとコドモはお呼びじゃねえ

美しい女性のつやつやとした髪、ハリのある肌、整った顔立ち、ふっくらしたバスト、くびれたウエストにキュッと上がったお尻……

男性が、これらの外見的要素を持つ女性を魅力的だと判断するのは、「生殖に適した個体である」と判断しているから……というのはよく言われます。

男性は本能的に可能な限り自分の遺伝子をばらまくことをミッションとしているため、女性の容姿を最も重視する、というのは非常に納得感のある話です。

他方、女性は男性よりも容姿を重視しないと言われています。

出生動向基本調査を見ると、結婚相手の条件として、女性は男性に比べ、経済力や学歴など求める要素がばらけていることに加え、容姿の重要度も低いことが窺えます（図

## 図表1-3　調査別にみた、結婚相手の条件として考慮・重視する割合の推移

【男　性】

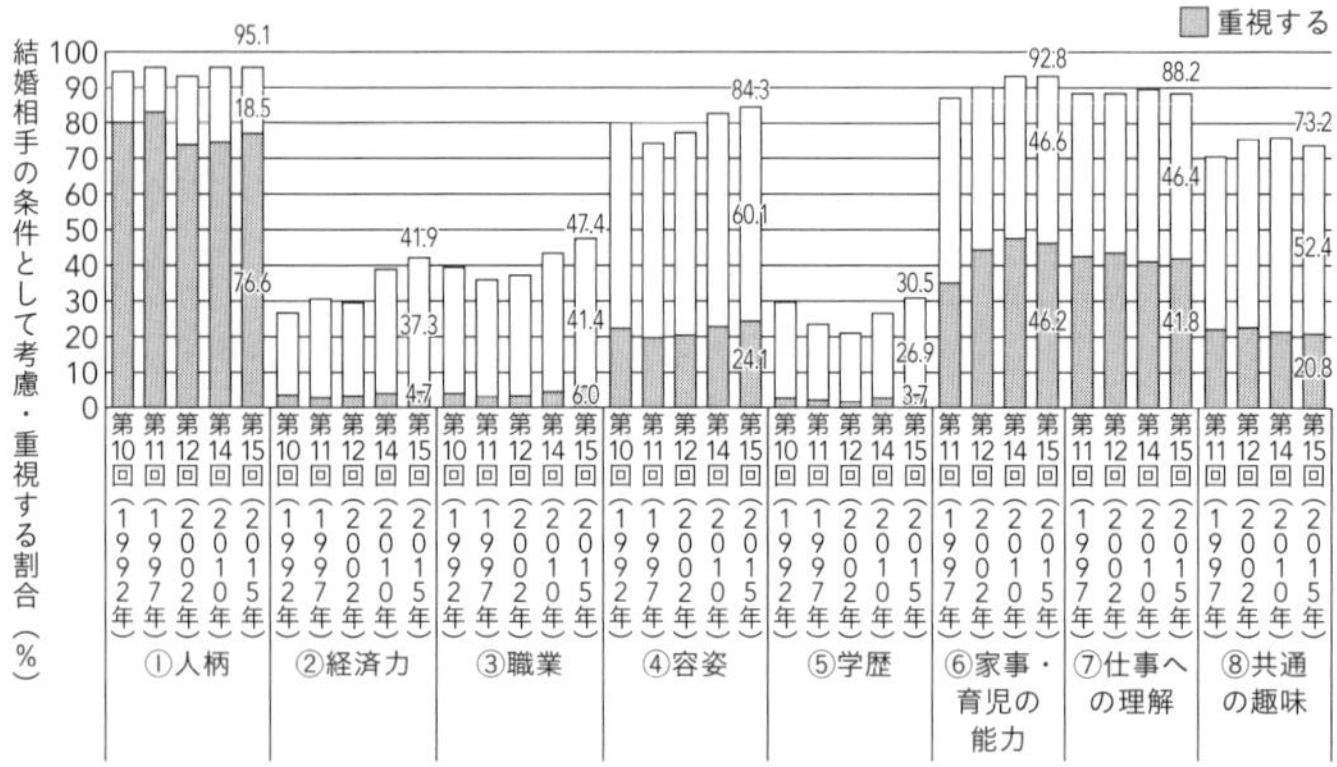


【女　性】

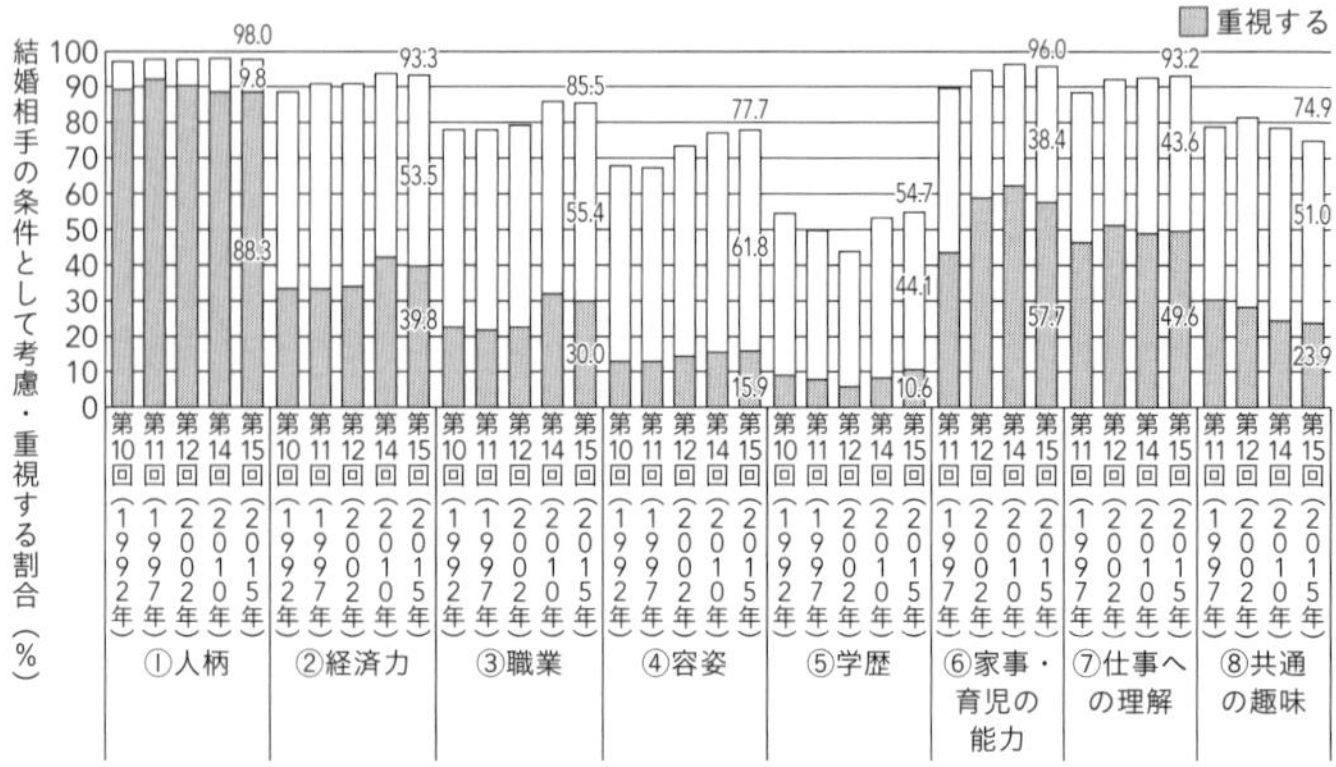


（注）対象は「いずれ結婚するつもり」と回答した18～34歳未婚者。

（平成27年・国立社会保障・人口問題研究所「第15回出生動向基本調査」より）

表1－3）。

男性と違い、女性は「産んで終わり」とはならず、その後に子育てのフェーズがあることから、自分と我が子を養う経済力など、容姿以外にも重視する評価項目があるため、男性ほど容姿至上主義ではない傾向にあるのでしょう。

確かに、女性は男性の顔の美醜については、そこまで気にしない傾向にあります（むしろ、イケメンは気が利かないなど、マイナスに捉える向きすらあります）。

しかし、女性にも当然、「自分の子孫を残したい」という本能はあります。

それゆえ、女性も男性と同じく**「この人は生殖に適しているか？」**という点には厳しいチェックを入れているので、油断は大敵なのです。

具体的には、

①おじさんっぽい

②コドモっぽい

が、「生殖不適格」と捉えられうる要素として挙げられます。

というのも、年を取った男性は生殖能力が低下しますし、コドモは精通していないので、セックスができません。このような**「本来、生殖に適さないカテゴリ」**に入れられると、恋愛対象からは外されやすくなってしまいます。

そこで、「生殖不適格」の烙印を押されないために、おじさんぽい・コドモっぽく見られがちな男性の特徴を確認してみましょう。

①おじさんっぽい

○ぶよっとした脂肪たっぷりの体型
○肌が劣化している（たるんでいる・毛穴が開いている・ハリがない）
○目立つシミ、シワがある
○髪がボサボサ
○たまごの腐ったにおいがする
○謎のマグネットブレスレットや数珠を着けている
○服装が保守的で「参観日のお父さんちっく」

②コドモっぽい

○丸くてコロッとした体型、または筋肉のないモヤシ体型
○ほっぺがパンパン
○顔つきが幼くてあどけない
○肌が生白い
○表情に乏しい
○謎の坊ちゃん刈りやヘルメット頭
○服装が小学生っぽい

こうした要素があると、「生殖不適格」な印象を与える可能性があるので、注意しましょう。

私が運営するマッチングサービスでも、高学歴・高収入でスペックが素晴らしい男性でも、こうした特徴のある男性は、マッチ率が低い肌感があります。

ちなみに、前述の特徴は実年齢は関係ありません。

若くてもおじさんっぽい人もいますし、実年齢が「おじさん」でも、若く見える人もいるということです（阿部寛を見よ！）。

## 生殖可能ゾーンに入るために注意すべき点は？

ただ、前のページに挙げた要素はすべて「変数」です。
すなわち、**自分の力で変えられるような要素ばかりなので、努力次第で改善できます。**

丸っこい？　太っている？
↓痩せて筋肉をつけてください。筋肉は「生殖に適した」男性の特徴です。
髪型がダサい？　坊ちゃん刈り？
↓今すぐ表参道か渋谷のオシャレ美容室に行きましょう。
肌が汚い？
↓普段からケアをしましょう。美容医療という手もあります。
たまごの腐ったにおい？　↓香水をつける。

数珠とブレス？　↓外すのです。

服がダサい？　↓一緒に買いにいきましょう（モテコンサルの有料サービスです）。

すべて2、3ヶ月の期間があれば改善できる問題ばかりです。

私のお客様でも、コンサルで指摘を受けて、数ヶ月で10キロ痩せてくる男性は過去何人もいました。

今がおじさんぽくっても、コドモっぽくっても、努力でどうにでも改善可能です。

「生殖可能ゾーン」に入って、女性から異性として見てもらえるようになりましょう。

①女性から見て「生殖可能ゾーン」に入ることが大事
②「おじさん」っぽい人、と「コドモ」っぽい人は「生殖不適格」扱い
③「おじさん」感、「コドモ」感は努力で払拭できる変数

# 女性の言う「清潔感のある人が好き！」の謎

## 愛のイミグレーションを通過せよ

「清潔感のある男性が好き♡」

女性のこの言葉に、「清潔感ってなんだよ⁉」と頭を抱えたことのある男性は多いのではないでしょうか。

「清潔感」って、思えば女性独特の表現ですよね。

男性が「清潔感のある女性がいいなあ〜」と言うケースはあまり見かけませんが、女性は男性の好みを語る際、このキーワードを頻繁に口にします。

私が運営しているマッチングサービスでは、「男性に対して譲れない条件はありますか？」と女性全員に聞いているのですが、高確率で「清潔感！」と言われます。

このように清潔感の有無は、モテるためには欠かせない要素ですので、ここでは「女性の言う清潔感の謎」を解き明かしてみましょう。

## 清潔感がある＝体の中に入れても大丈夫

女性の言う清潔感の有る無しの判断基準はズバリ、「体の中に入れても害がなさそうかどうか」でしょう。

女性は体の構造上、セックスの時には何かを受け入れる性です。

男性にはピンとこないかもしれませんが、要は異物を自分の体に入れるのですから大変な話です。

当然、その異物が安全かどうかには、かなり敏感になります。

想像してみてください。男性も、例えば病院で喉の検査をする時、医者が口に突っ込んできた器具が薄汚れていたら嫌ですよね？　その感覚に近いと思います。

女性が男性の清潔感をまずチェックするのは、「この人は入れても大丈夫か？」という、入国審査のようなものです。

男性は、女性の愛のイミグレーションを突破せねばならず、清潔そう＝害がなさそうな印象を与えられることが、審査の通過条件です。

ここで一度、「清潔感がない人の特徴」を確認しておきましょう。

①髪の毛がベタッとしている
②髪がボサボサ
③ぶくぶくに太っている
④肌荒れしている
⑤爪が伸びている、黒ずんでいる
⑥唇がカサカサ
⑦眉毛・鼻毛などの毛が手入れされていない
⑧指がささくれでガサガサ
⑨肩にフケが乗っている
⑩服がシワシワ、食べぼしのシミがある
⑪メガネが薄汚れている
⑫靴が汚い

うん、到底、清潔な印象とは程遠いですね。

これらから導かれるイメージは、「汚そう」「不潔そう」という点につきます。

女性としては、このように見るからに不潔っぽい人を、絶対に入国させるわけにはいきません。

だって、伸び放題で、謎の黒い物質が挟まっている爪で、内臓を掻き回されたら？

ロクに洗ってるのかもわからないブツを、体内に挿入されてしまったら……？

病気にでもなってしまいそうではないですか。

女性は、男性を近づけるかの判断をするとき、無意識に、「目の前の男性が自分の中に侵入してくるシーン」を想像するのだと思います。そして「清潔感のない」男性は、女性に「人体に害がありそう」と、直感的に感じさせてしまいます。

それが、女性が清潔感のない男性を、「生理的に無理」と表現し、もはや接触の機会すら与えず、早々に遠ざけようとする理由です。

女性とお近づきになりたいのであれば、「清潔である」と思ってもらい、入国審査を突破しなければ話になりません。

実際に清潔か不潔かは、もはや問題でありません。ぱっと見で清潔だと感じさせられなければ、審査は突破できないでしょう。

一目でわかる清潔感は、モテ強を目指すみなさんが、何としても優先的に気をつけるべきところなのです。

## 自分とキスできるか？を意識する

清潔感を出すのには、ちょっとした気遣いがあれば改善できます。

指標として、**「自分とキスできるか、セックスできるか」**という観点があるといいでしょう。

そうすれば自然と爪も綺麗に整えますし、汗をこまめに拭き取ったり、カサカサの唇にリップクリームでも塗ろうかという発想に至るのではないでしょうか。

自分を客観的に見つめつつ、「清潔感のあるモテ強」を目指しましょう。

①清潔感＝体に入れても安全かどうか

②「不潔」と思われると入国審査でハネられる

③自分とキス、セックスできるかを客観視する

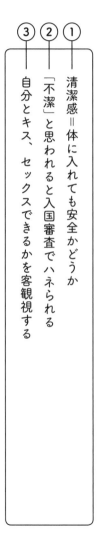

# 女性の言う「男として見られない」の謎

## やれるBOX、やれないBOX

「男として見られない」

と女性に言われたことがある方へ。

何度も二人でデートし、会話も弾むのに、いざ告白すると断られる……。

そんな経験を何度もしたことがある場合、あなたは女性の「やれないＢＯＸ」に入りやすい可能性があります。

**つまり、「セックスしたい」と思われていない、ということです。**

女性は、彼氏候補と友人候補をハッキリ分ける傾向にあります。

その境目が何かというと**「この人とセックスしたいか、したくないか」**というジャッジです。彼氏と友人の最も大きな違いは、「セックスをするかしないか」ともいえますので、妥当な判断基準ですね。

女性の性的欲求は見過ごされがちですが、**将来発生するセックスのイメージができるか、という点は、事前にきっちりとチェックしているのです。**


彼氏候補も友人どまりも、「一緒にいて楽しい」と思わせるところまでは共通です。

彼氏候補になるには、「やれるＢＯＸ」と「やれないＢＯＸ」の分岐で、前者に入る必要があります。

つまり、「やれるＢＯＸ」に入れれば「彼氏候補」へ、「やれないＢＯＸ」行きになれば「友人どまり」ということです。


では、やれる、やれないの判断基準は何か？　というと、**見た目のウエイトが非常に高いです。**

イケメンはもちろん有利ですが、美醜の問題というよりも、清潔感や、生殖に適しているかなど、もう少し生理的な部分で、瞬間的に判断を下しています。

なので、「やれないＢＯＸ」に入りがちであると自覚のある男性は、見た目を改善することを強くお勧めします。

**見た目以外の要因としては、「性格が男らしくない」ケースも多々あります。**

自信がなかったり、女々しかったり、リードができなかったり、などです。

「弱い男」認定されると、「受け入れたくない弱い男の精子」と判定され、これもまた「やれないＢＯＸ」行きとなるでしょう。

とにかく、女性から「やれない」と思われると、なかなか交際に発展しないので、男性にとっては非常に由々しき問題です。

しかし、「男として見られない」とよく言われる男性は、裏返せば友達としてはいい線まで行っているということなので、もうあと一息です。

一緒にいて楽しいと思われているので、あとちょっとだけ見た目や性格などで、異性感を醸し出し、「やれるＢＯＸ」に入れるように頑張っていきましょう。

① 「やれるBOX」に入れないと付き合えない
② そのためには、見た目と男らしさが大事
③ 友人どまりな男性は、あともう一歩で恋人になれる

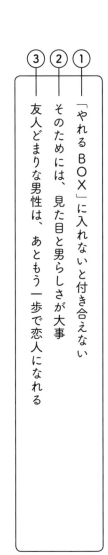

# 女性は「弱い男」がお嫌い

女性は、とにかく「弱い男」が嫌いです。

本書を読んでいるあなたは、とにかく「弱い男認定」だけはされないように気をつけてください。

女性が「この人は自分より弱い！」と感じた男性に持つ生理的な嫌悪感は、男性諸君の想像を絶するレベルです。

「弱い男だ！」と感じた時に襲ってくる、気持ち悪い、おぞましい、鬱陶しい、アタシに近寄んじゃねえバカ！　という感覚は、さながら昆虫が背筋を這うように寒気すら催します。

本当に感覚的に、直感的に、鳥肌の立つ思いを女性にさせてしまうのが、弱い男という存在なのです。

では、「弱い男」とは何か？

**○資源を奪ってこられない者**

**○資源を容易に奪われてしまう者**

および、それらを連想させる存在です。

これは原始時代から普遍かもしれません。当時はマンモスを狩れない男性、またせっかく狩れた獲物を他人に奪われてしまう男性およびその家族は、飢え死にするしかなかったのです。

現代の状況はもう少しマイルドですが、女性の発想は基本的に同じです。

女性には妊娠、出産があるので、どうしても男性に生活力を依存する時期が出てきてしまいます。

ここでイマジン。女性の立場になってみてください。

あなたは今、子どもを産み育てる一番大事な時期……。

出産後で体もボロボロ、慣れない乳児の世話で手一杯……そんな時に、

「ごめえん、仕事クビになったあ♡再就職もムリぽよ！　たちゅけてえ☆」

というような夫だとしたら、どうします？

ブン殴りたくなりますよね。

そんなポンコツをパートナーにしたら、女性にとっては、死活問題だということがご理解頂けましたでしょうか。

また、女性は自分の限りある貴重な妊娠機会に、なるべくいい遺伝子を取り込んで、強い子どもを産みたいと切望しています。わざわざ弱い男の遺伝子を受け入れ、弱い男の子どもを、命を懸けて生みたい女性はいません。

これらの理由から、妊娠する前になんとしてでもポンコツを排除するために、女性には弱い男を非常に嫌う性質が備わっているのだと思います。

弱い男とみなされるポイントはいろいろあるので、ここで「女性の嫌う代表的な弱い男」について学んでいきましょう。

## ①稼げない男

あまりに低年収すぎると、資源獲得能力の欠如した弱い男認定されます。

原始時代はマンモスを狩れる強いフィジカルを持つ男性が強者でしたが、現代では社会に出てお金を稼げる能力を持つ男性が強者です。

資源獲得能力のある男性といると食いっぱぐれませんし、その子どもも生きる力が強い可能性が高くなるので、自分の遺伝子が永きにわたって拡散されることが期待できることから好まれるのでしょう。

なので、あまりにも年収が低すぎたり、資産も全くない場合は、「一緒にいても食うのに困りそうだし、能力の低い子どもが生まれそう」とみなされ、無惨に弾かれがちです。

ただし、今は稼げていなくても、ポテンシャルを感じさせることで、受け入れてもらえることもあります。

バンドマンが貧乏でもモテるのは、「この人は今は芽が出てないだけで、潜在的には能力があるのかもしれない」と錯覚させているからです。

**極論、「弱い男ではない」と女性に錯覚させられれば、それでいいのです。**

## ② 戦えない男

外敵を排除し、身内を守れない男性も弱い男認定されます。

ほら穴に入ってきた獣と戦えない男など、原始時代では役立たずな存在だったと思いますが、現代でも身内に不利益を被《こうむ》らせる外敵と戦えない男など、女性には必要ないのです。

例を挙げると、**正当な主張ができない、物理的に戦う気のない男性です。**

友達が自分の彼女をディスった時に卑屈な愛想笑いをしていたり、彼女がナンパされても指をくわえて眺めていたりするような男性は、「自分を守れない弱い男」として幻滅されるでしょう。

よく、「暴力男やあおり運転するクズなのに、なんで彼女がいるんだ！」と話題に上がりますが、それはそういった暴力性が一部の女性からは「戦う強さ」のように捉えられるという仕組みです。

## ③ 媚びる男

**「媚びる」という行為は、常に弱者から強者へ向けられるものなので、「ボクはあなたよりも弱い立場にいるものです！」との自己紹介にほかならず、有無を言わせず弱い男認定されるので、絶対にやめましょう。**

女性を口説く時、嫌われるのを恐れて、やたら下から目線で媚びる男性がいますが、逆効果です。

具体的には、顔色を窺う、自分の意見を言えない、相手の言いなりになる、過剰に金銭やプレゼント攻めにする、などの行動が挙げられます。

相手の喜ぶことをしたり、サービスをしたりするのはもちろん素敵なことです。

しかし、「自分としては嫌なのに、女性の機嫌を損ねたくないから言うことを聞く」ことまでしてしまうと、下から目線の媚び男性として認定されてしまいます。

女性と対峙する時は、いかなる時でも「対等、または女性が見上げるくらい」の精神的立ち位置で接することを心がけてください。

「なんでや！　男は強くなきゃ恋愛できないのか！」

という男性からの悲痛な声が聞こえてきますが、その通りですよ。

申し上げにくいのですが、これが女性の本音なのです。真実とは、時に非常に冷酷なものです。

強い個体が勝ち、弱い個体は滅する。

これを「性淘汰」と言いますが、人間も動物なので、自然界の理《ことわり》にはあらがえないのです。

でも大丈夫、ここに挙げた「弱者ポイント」を回避するのは、そうハードルの高いことではありません。

なにも外資系ファンドで億プレイヤーになり、メイウェザー並みの戦闘力を身につけろという話ではないのです。ちょっと仕事を頑張ってみたり、いざとなったら戦う気概を見せたり、精神的立ち位置に気をつければ解決する問題です。

しかも最悪、実際に強者じゃなくてもいいんです、女性がそう信じられさえすれば。

自分が「強者」であることを意識して、女性に夢を見せ、「モテでも強者」になっちゃいましょう。

① 女性はなにより「弱い男」が嫌い
② 弱い男ポイントを回避せよ
③ 最悪、強者のフリができれば、それでいい

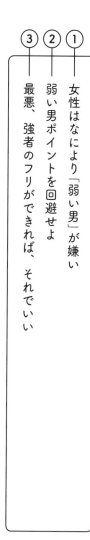

# 奢るべきか、奢らざるべきか問題について

## 答えのない男女のお会計問題に終止符を

たびたび論争になる、デートのお会計問題。

「結局、奢った方がいいの⁉　奢らない方がいいの⁉」

そう混乱している方もいらっしゃることと思います。

そんな迷える男性のために、ここで１つの解を示します。


**「付き合うまでは、とりあえず奢っとけ」**


どうしても割り勘がよければ、付き合った後でいくらでも調整できます。

なので、交際に至る可能性を少しでも上げるために、付き合うまでのデートは奢っておいた方が無難です。

# なぜ割り勘がダメなのか

## ①ケチが嫌いだから

まず、女性はケチが嫌いです。

なぜかというと、いくら資源獲得能力のある男性だとしても、その資源を自分に与えてくれなければ、女性からしたら全く意味がないからですね。

妊娠中で女性が動けないのに、獲ってきたマンモスの肉を分けてくれない男性だったら、パートナーにする意味がありませんし、命に関わりますよね。

実際に、現代でも妊娠出産後に経済ＤＶで苦しめられる……という例もありますし、女性としては、そのリスクは可能な限り排除しておきたいのです。

割り勘男性＝経済ＤＶ男というわけではもちろんありませんが、**奢ってくれる男性と割り勘男性、どっちが資源を分けてくれる期待値が高いか？　という話です。**

目先の損得に囚われて、長期的な観点がないと思われたりもするのもマイナスです。

## ②自分のことを好きじゃないように感じるから

女性は、男性が自分を好きであれば、ちゃんとお金を払ってくれると思っているし、自分の前ではカッコつけるだろうと思っています。

合コンでも、当たりの場合は男性が奢るけど、ハズレは割り勘……みたいな話もよく聞きます。

割り勘は、「自分のことを好きじゃないから、お金を使わない＆カッコつけないのだろう」と思われるリスクがあり、危険です。

これは、女性のあなたに対する気持ちを、冷えピタ並みに冷めさせる可能性があります。

女性からすると、男性にやる気がない場合は遊ばれるリスクも高まるので、印象が悪くなるのは当然と言えるでしょう。

## ③恋愛の最初期に、現実感はいらないから

女性は、姫扱いを好みます。

すなわち男性にエスコートされて、丁重に扱われて、大切にされている、と確信したいのです。

これは前述した通り、妊娠、出産で女性は一定期間男性に庇護されることが想定されるので、その時に大切にしてもらえないと困るから、と考えると合点がいくのではないでしょうか。


**割り勘には、あなたがどんなに素敵なデートをしても、最後の最後に姫気分から、「現実のわたし」に一気に引き戻させる力があります。**


あなたのエスコートによってシンデレラだと思っていたのに、テーブルの上で財布を開いて千円札のやり取りをする時、魔法が解けて灰かぶりだったことに気づかせられるのです。端的に言うと、シラケるということです。

せっかくデートを頑張るのだったら、最後まで魔法を解かない方が、あなたへの印象はぐっと良くなります。最初くらいは、「この人と一緒にいると大切にされていい気分になれる」と夢を見させてあげるのが肝心です。

## ④ ライバルは奢っているから

あなたの好きな女性が美女であればあるほど、モテていればいるほど、男性に奢られています。

これは、ほぼ確実にそうです。

美女やモテる女性の背景には、現在過去未来含め、いくらでもご馳走してくれる男性がまとわりついているし、彼女らにとっては奢られるのが当たり前です。

**あなたは、それらの男性と間違いなく比較されます。**

割り勘をした場合、「彼女たちの思う普通基準以下」の行動をすることになりますので、奢り男の3倍くらいは魅力的でないと、交際に至るのは難しいでしょう。

恋愛は市場原理が働いているので、ライバルの存在と動向は常に認識して、自分の行動に反映させる必要があるのです。

## 奢りはリスクヘッジ

もちろん、世の中の全ての女性が「奢られたい！」と思っている訳ではありません。

しかし、「奢ってくれると嬉しい」と感じる女性がまだまだ多いのも事実です。

**奢らないことで、多数派であろう「奢ってほしい」派女性と恋愛に発展する可能性を、潰してしまうリスクがあるのです。**

「奢られたい女性は絶対に嫌だ！」と言うなら、奢らなくていいでしょう。

しかし、そこまでこだわりがないのであれば、奢ることで「奢ってほしい」派女性の取りこぼしリスクをヘッジできますし、あなたへの印象も上がるので、奢っておいた方が「無難だ」というお話です。

相手が奢らなくていい派の女性であれば、堂々と割り勘にすればいいですからね。


**奢ることは、いわば、交際に至るまでの先行投資です。**

リターンがあるかはわかりませんから、ダラダラ奢り続けず損切り（関係が進展しなそうなら諦める）をするのもいいと思います。

投資予算も無理することはなく、自分の奢れる範囲のお店に連れていき、ご馳走してあげればいいでしょう。お昼にカフェで会うなど、工夫すれば安く済ませることも可能だと思います。

「奢る」という先行投資が功を奏し、交際が始まれば、男性側のものです。女性は男性に惚れてしまえば、わりと融通を利かせてくれますし、家飲みの回数を増やすなどの節約デートもできるようになります。

大切な恋愛の機会をむざむざ逃さぬよう、奢るべきか奢らざるべきか、今一度考えてみてくださいね。

①奢りはリスクヘッジであり、先行投資

②交際後に割り勘デートにシフトチェンジすることもできる

第 2 章

# モテ強の恋愛マーケティング戦略

## 恋愛にもマーケティングが必要

# 成功の期待値を上げるモテ強マーケティングとは

## 大体の恋愛は確率的に失敗する

第1章で恋愛の真実について学びましたが、第2章では、効率よくモテるためにモテ強がすべき**「モテ強マーケティング」**についてお話しします。

巷では、「とりあえず無作為に試行回数を稼いで、当たるまでチャレンジし続けろ！」といった「数をこなせばいつか成功する」式の恋愛指南も多いと思います。

ですが、本書を手に取ってくださっているあなたは、仕事にプライベートに忙しく、恋愛だけにそこまで時間を使えないのではないでしょうか？

道に何時間も立ってナンパをしたり、マッチングアプリで「いいね」を無限連打して当たりが出るまで粘るなんて、やりたいですか？　**はっきり言って効率が悪すぎます。**

射撃だってむやみやたらと乱射するよりは、ちゃんと狙って撃った方が弾も労力も節約できますし、精度も上がりますよね。恋愛も同じです。

**自分の武器の特性を理解し、ターゲットのいる場所を狙って撃つ！**

これが、効率よく恋愛を成就させる、モテ強を目指すあなたが頭に入れておくべき「モテ強マーケティング」なのです。

## 大体の出会いは、確率で考えると恋愛に発展しない

あなたの職場で、「いいな♡」と思える女性は何人いますか？

割合で考えると、どうでしょう。

せいぜい10人のうち1〜2人……およそ20％がいいところではないでしょうか。

そこで無作為に選んだサンプル集団Aの女性のうち、多めに見積もって倍の40％があなたの許容範囲だとしましょう。その時点で、恋愛がうまくいく確率は、出会いに対して40％です。

逆に、女性からあなたのことを「いいな♡」と思ってもらう必要がありますが、女性があなたをいいな♡と思う確率も、仮に同じ40％だとします。

そうすると、単純に40％×40％＝16％が、恋愛の成就する確率です。

無作為に10人と出会えば、8～9人とは恋愛まで至らない計算になります。

完全に無作為に活動した場合に交際に発展する確率が、いかに低いかがおわかり頂けたでしょうか。

ちなみにナンパを生業にしているプロナンパ師に話を聞いても、10人に声をかけて1人とうまくいけばいい方とのことなので、大きく外れてはいないと思います。

## 自分の強みを知り、ターゲットを明確にするのがモテ強マーケティング

ここで、モテ強マーケティングを取り入れたケースをご説明します。

仮にあなたが年収500万円だとします。

そして、「年収500万円以上の男性限定」の街コンに行ったらどうでしょうか？

あなたが女性をいいな♡と思う確率は40％で変わらないかもしれません。

しかし、女性があなたをいいな♡思う確率は、年収５００万円以上を条件にしている女性が集まっているのですから、**無作為な出会いよりもグンと上がることが期待できます。**


さらに、あなたが20代女子を好きだとしましょう。

そこで先ほどの男性への条件はそのままに、女性参加条件が「〝20代女子〟限定」となっている街コンに参加すれば、あなたが相手をいいな♡と思う確率も上がりますよね。

すると、無作為に出会うよりお互い「いいな♡」と思いやすくなるので、恋愛に発展しやすくなり、出会いの質を上げることができる訳です。

忙しいあなたがモテるには、この**モテ強マーケティングの発想を取り入れて、成就する期待値の高い出会いを、数多く作っていくことが大事です。**


そして、モテ強マーケティングには、「敵（落としたい女性）を知り、己を知る」ことが重要になります。

**【敵＝落としたい女性】**

◎自分はどういう女性がタイプ？
◎その女性はどういう男性を好む？
◎その女性にはどこで出会える？

**【己】**

◎自分のセールスポイントはどこ？
◎自分はどういう女性にウケがいい？
◎自分が最も輝く出会い方とは？

これらを念頭に、実際のマーケティングの方法を見ていきましょう。

## モテ強マーケティングの3STEP

## STEP 1 どういう女性を落としたいか考える

**マーケティングには、ターゲット選定が不可欠です。**

まずは、「どういう女性を落としたいのか」を決めてください。「とにかく美人」「癒し系」「高学歴」「バリキャリ系」など、なんでもいいのですが、対象のイメージは、具体的であればあるほど成果が出やすいです。

ここを明確にするやり方は後述していますので（P98「恋の主成分分析をせよ！」）、「好みの女性なんてわからない！」という男性は、そちらも参考にしてみてください。

## STEP 2 自分のウリを確認する

落としたいターゲットイメージが決まったら、「自分はその女性を落とす実力があるか？　アピールポイントは何か？」をしっかりと理解する必要があります。

例えば、ギャル系の女性を落としたい場合、たとえ真面目さや誠実さが自分のウリであっても、きっと響きませんよね。

それよりも、ノリの良さやオラつき、エグザイル系の顔面やコミュ力が必要になるでしょう。

自分の魅力・ウリの確認の仕方は、（P91「己のマーケットバリューを把握せよ！」）にて記載しています。自分の武器を把握して、足りない要素があれば、身に付けるように行動していきましょう。

## STEP 3 ターゲットと出会える場所を見極める

出会いの場所を見誤ると、いくらあなたに魅力があっても意味がありません。

お目当てのターゲット女性がいるところに出向いて、アプローチをする必要があるのです。

また、自分のアピールポイントと、出会いの場所の相性も重要です。

どれだけあなたが魅力的でも、それを発揮できない出会い方をしていたら、成果は出ません。

図表2-1　モテ強スポットを突く！

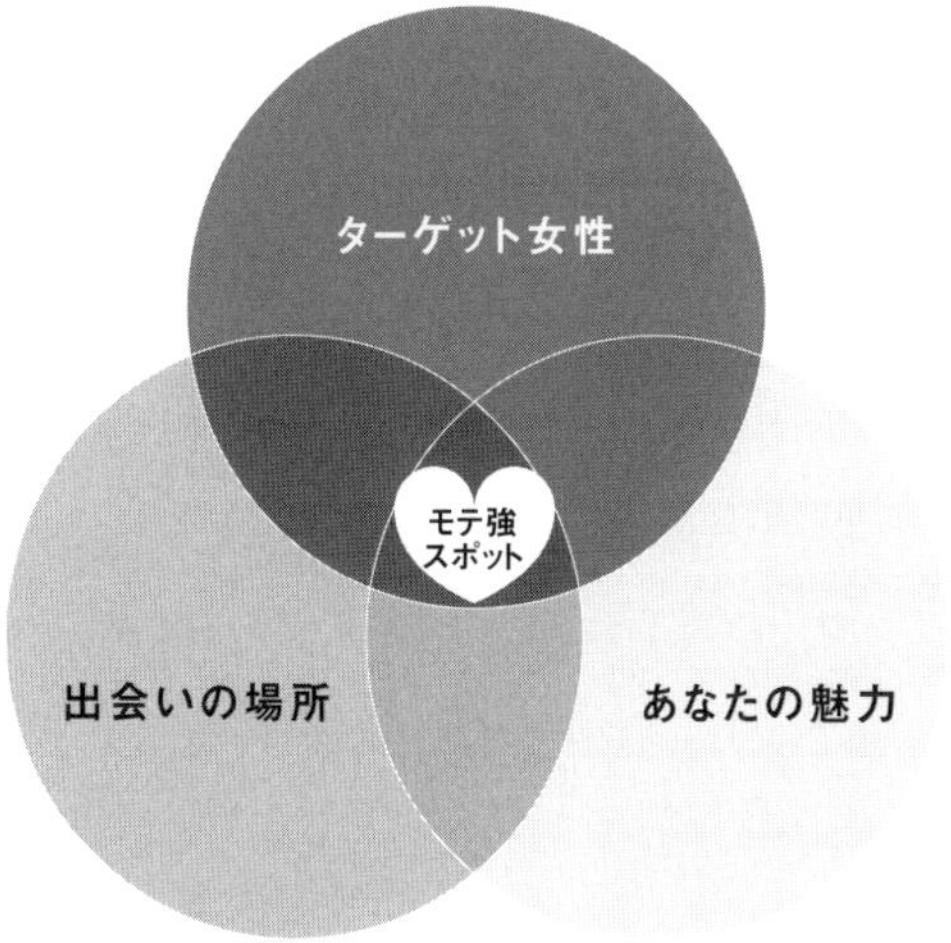


例えば、誰もが羨むハイスペックの持ち主なら、ストリートナンパよりマッチングアプリの方が、スペックをプロフィールに書き込めるので、自分をアピールしやすくなるでしょう。

こうして落としたいターゲット女性が、自分の魅力が発揮できる場所にいて、あなたの魅力をアピールできた時、恋愛は成就しやすくなります。

ベン図で表すと、上のような感じです。ターゲット女性、あなたの魅力、出会いの場所、これらすべてが重なるところが狙いどころです。

忙しいあなたは、この♡のポイント

……そう「モテ強スポット」を的確に突くのです。

このモテ強スポットは、ターゲット女性像を拡大したり、あなたの魅力をアップしたり、出会いの場所を増やすことで大きくなり、それに比例してモテやすくなります。

本書でしっかりとモテ強マーケティングを学び、モテ強スポットを広げていけば、理想的な女性と出会い、交際に発展する未来も近いでしょう。

①無作為な出会いでは、確率でいうと、10人中9人が無駄撃ちになってしまう

②出会いの質を上げるには、モテ強マーケティングが必要

③ターゲット、自分の魅力、出会いの場所を把握し、「モテ強スポット」で戦うことが効率的に恋愛するためには重要

# 恋愛は総合点でのマッチングがすべて

恋愛を効率よく成就させるにはモテ強マーケティングが重要ですが、もう一つ欠かせない要素があります。

それは、**「恋愛は総合点の釣り合いによるマッチング」**だということです。

前項で学んだ通り、落としたい女性像を明確にして、自分の魅力を把握し、出会いの方法を決めて理想の女性と出会えても、**あなたに女性と釣り合うだけの魅力がなければ、交際には至りません。**

街で偶然見かけた美女の隣に、どうにも冴えない男性がいて、不思議に思ったことがありませんか？

その冴えない男性は、見た目こそイマイチかもしれません。

が、めちゃくちゃ優しいかもしれません。

仕事ができるハイスペかもしれません。

コミュ力が高く、さらに丸の内の地主かもしれません。

彼は表面的には見えにくいものの、美女に釣り合う何かしらの魅力を持っていた、ということです。


すべてのカップルは「総合点が同レベル」であり、ここがガタついているカップルは成立しないか、成立しても破綻します。

あなたのご両親をようく見てみてください、大体釣り合いのバランスが取れているのではないでしょうか?

## 「好きな人には振られ、なんとも思っていない人に好かれる」の謎

よく男性が、

「好きな子には振られるけど、なんとも思っていない子には好かれる！」

と言っているのを見ますが、これもすべて釣り合いの問題です。

好きな女性のレベルが60点だとして、なんとも思っていない子が30点だとしましょう。

彼女ができないのは、自分が30～59点の状態なのに60点の女性を追いかけるから、いつまでも「好きな子には振られる！」と嘆いてばかりの状態から脱出できないのです。

一言で言えば「高望み」です。

この場合は**自分のレベルの総合点を60点まで上げるか、今の自分と釣り合うレベルの女性で満足するか、どちらかを選択する必要があります。**

では、その「総合点」とは何で構成されているかを見てみましょう。

## 「総合点の構成要素」

○ **ルックス**↓美しい・スタイルがいい・オシャレ・性的魅力があるなど
○ **対人スキル**↓社交的・面白い・明るいなど

図表2-2　恋愛は総合点でのマッチングが全て

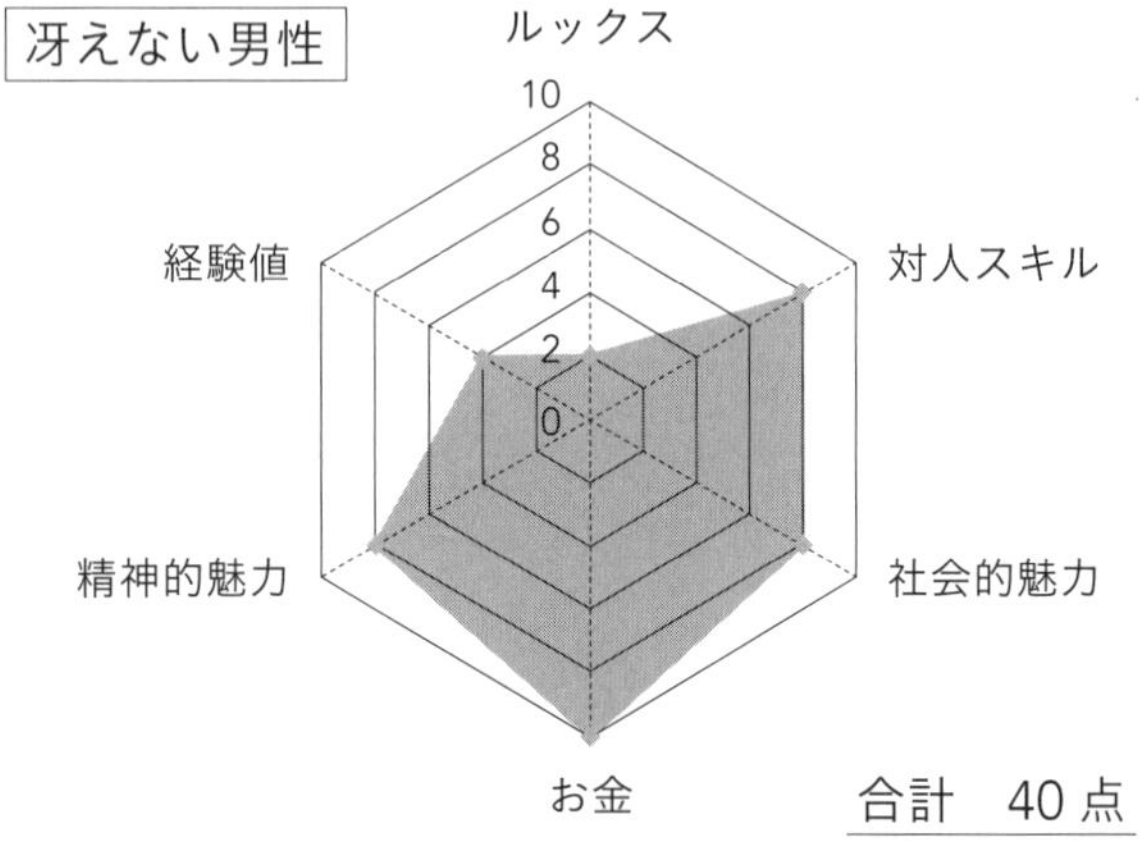


○**社会的魅力**↓頭がいい・有能な・地位が高いなど
○**お金**↓年収が高い・お金持ち・地主など
○**精神的魅力**↓優しい・思いやりがある・包容力がある・趣味が合うなど
○**経験値**↓スマートである・幅広い知識がある・異性慣れしているなど

この6要素の持ち点の合計が、相手と釣り合っているかが重要です。

先ほどの冴えない男性×美女の例で考えてみましょう（図表2－2）。

男性のスペックが右側、美女のスペックが左側の図です。

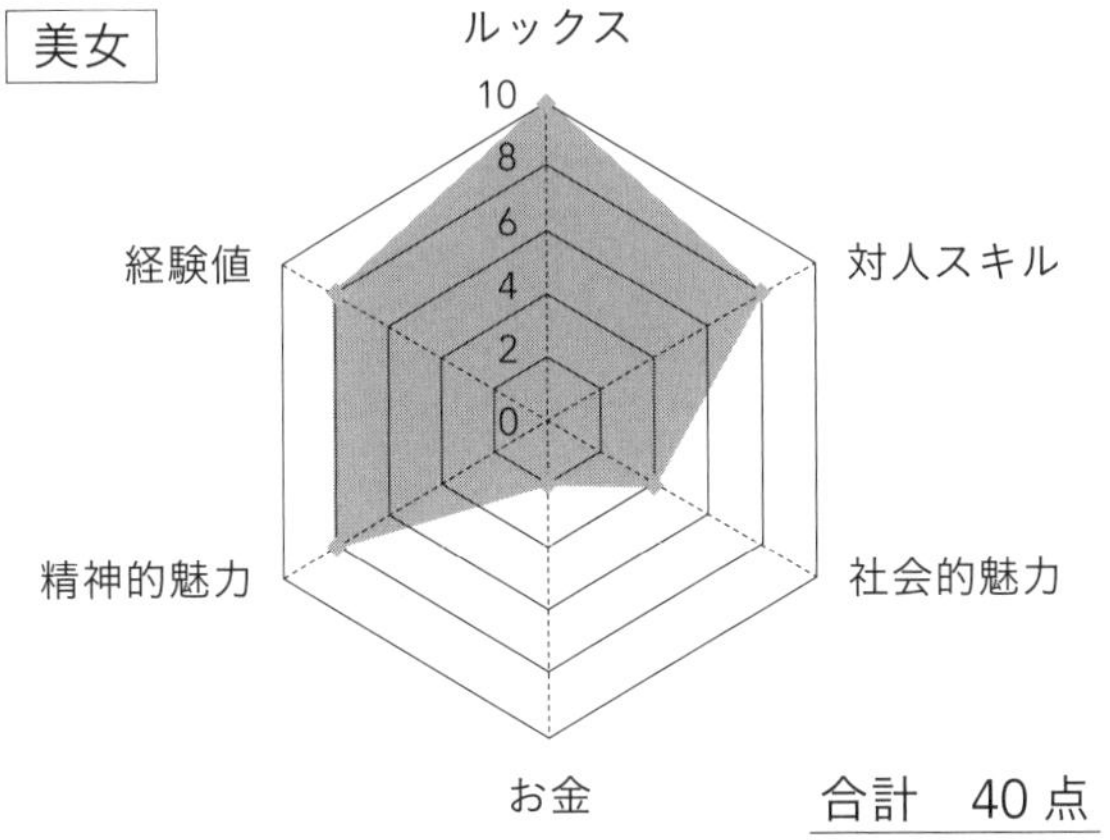


このように、突出している要素はそれぞれ違っても、トータル点数を同じくらいにできれば付き合えます。

この点数が満点に近ければ近いほど、異性は選びホーダイになるわけですが、**点数評価は絶対値ではなく、「相手が何点と評価するか」というのが重要な点に、注意が必要です。**

特にルックスと精神的魅力の項目で、差異が出やすい傾向にあります。

ルックスの場合、ジャニーズ系イケメンはジャニーズ系好きからしたら10点かもしれませんが、エグザイル系好きの女性からは5点と思われる可能性があるということです。
よって、総合点はあくまでも「相手から見た点数」であることを、お忘れなきように
お願いします。

とはいえ、「自分の点数はおおよそ何点なんだ!?」、と気になる方もいるかと思います。
次は「自分のマーケットバリュー」について、一緒に考えていきましょう！

① 恋愛は総合点でのマッチングがすべて
② 点数はあくまで「相手の評価」で決まる
③ 自分の総合点を上げれば、今は高嶺の花でも付き合える

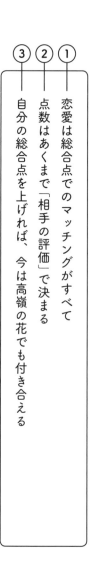

# 己のマーケットバリューを把握せよ！

自由恋愛には、市場原理が働いています。

あなたがコンビニで1000円の商品を買うには、当然1000円を払いますよね。

前項でご説明した通り、恋愛も総合点が同等の異性とマッチングするのが原則です。

最高レベルの女性と付き合いたければ、相手から見て同等の男性になることが基本原則なのです。

**恋愛は等価交換です。**

お目当ての女性をゲットするには、己のマーケットバリューを知り、必要に応じて価値を上げていくことが必要です。

ここでは、先述の6つの項目に照らして、「モテ強への近道・モテ高評価ポイント」についてお話します。

## マーケットバリューのベースを底上げしてモテる

とはいえ、マーケットバリューを、自分で完璧に点数化することはできません。

なぜなら点数をつけるのは、あくまで女性だからです。

エグザイル系が好きな女性にジャニーズ系イケメンが無力なように、高得点を振るポイントは人によって様々だからです。

なので、基本的な考え方としては、**アタックしてみて恋愛が成就する人＝自分のレベルと考えるのが妥当です。**

しかし、男性の中には、「一体、何が女性から見て高評価なのか」がわからない方も、いらっしゃるかと思います。

そのため少しでもヒントになるように、想定される有力なポイントを羅列しました。

これは女性個人の好みにそこまで左右されない、一般的に多くの女性が好むと思われるベーシックなポイントについて挙げています。

エグザイル系に目がない！　など、個々人の具体的な好みは勘案されていませんが、ここである程度の得点を挙げられていれば、恐らく多くのケースで足切りは避けられるでしょう。

基礎的なモテ高評価ポイントを理解し、己のマーケットバリューのベース部分を上げていけば、より多くの女性にモテやすくなります。

あくまでご参考ではありますが、１つ１つ見ていきましょう。いま自分がどのくらい該当するか、足りないものは何か、ぜひチェックしてみてくださいね。

| | |
|---|---|
| 対人スキル編 | □目を見て話ができる |
| | □声が小さすぎない |
| | □笑顔で挨拶できる |
| | □相づちやナイスリアクションができる |
| | □広範な話題提供ができる |
| | □相手が興味を持っている話題を振れる |
| | □相手の話を引き出せる |
| | □事実ベースでなく共感ベースで話せる |
| | □面白いエピソードトークができる |
| | □自虐トークで笑いが取れる |
| | □相手を不快にさせず、イジリができる |
| | □初対面でも自然に話せる |
| | □相手との距離感を測るのがうまい |
| 社会的魅力編 | □学歴が高い |
| | □頭がいい |
| | □知識、教養がある |
| | □仕事ができそう |
| | □特別な才能や能力がありそう |
| | □勤勉そう |
| | □士業または誰もが知る有名企業に勤めている |
| | □社長である |
| | □本人が著名である |
| | □コミュニティ内で地位が高い |

## 図表2-3　マーケットバリューチェック表

| | |
|---|---|
| お金編 | □ケチケチしてない |
| | □付き合うまでのデートは奢る |
| | □年収が同世代の平均以上ある |
| | □地主または御曹司である |
| 精神的魅力編 | □優しい、思いやりがある |
| | □誠実である |
| | □包容力がある |
| | □他人に対してオープンハートである |
| | □年相応またはそれ以上の精神年齢である |
| | □気持ちもモノもケチじゃない |
| | □他者の気持ちを理解できる |
| | □男尊女卑じゃない |
| | □仕事への理解がある |
| | □家事育児に協力的 |
| | □変なプライドがない |
| 経験値 | □異性との交際経験がある |
| | □異性慣れしている |
| | □デートでスマートにエスコートができる |
| | □これまでの人生でさまざまな経験をしている |
| ルックス編 | □清潔感がある |
| | □顔が整っている |
| | □爪が短く切られている |
| | □肌が綺麗 |
| | □ヒゲが濃すぎない |
| | □髪がボサボサ |
| | □高身長 |
| | □スタイルがいい |
| | □腕や指が綺麗 |
| | □自分に似合うオシャレができる |
| | □声がセクシー |

# 弱点はなるべくなくし、自分のウリを見つけよう

女性が男性を選択する際に重視しがちな項目は、男性が女性に求めるよりも多くあるため、「こんなにたくさん、自分にはムリ！」と放り出したくなるかもしれません。

でも、安心してください、**これらすべてを完璧に網羅する必要はありません。**

さきほど申し上げた通り、恋愛は「総合点でのマッチング」です。

例えば、ルックスの点数が低くても、他の得意な項目を伸ばせば、十分カバー可能です。

**ターゲットを落とすためにもっと伸ばすべき自分の魅力はどこか？　を、今一度考えてみてください。**

手をつけやすいのはルックスと、対人スキルだと思います。

どちらもちょっとしたコツを学び、努力をすれば、数ヶ月で見違える部分です。

項目の中には、変えられるもの、変えられないもの（身長とかね）、どちらもあります。できる範囲で少しずつマーケットバリューを上げていけば、理想の女性にリーチできる可能性が広がります。ぜひあなたのマーケットバリューを高めるべく、トライしていきましょう。

①恋愛は等価交換

②落とせる女性＝自分のレベル

③モテの総合点は努力次第で伸ばすことができ、ゲットできる女性のレベルも変わっていく

# 恋の主成分分析をせよ！

## あなたの言う「かわいい！」って、どういうこと？

あなたの好きなタイプの女性って、どんな人ですか？
え？「かわいい人？」
**かわいい人って何ですか？**

顔は？
性格は？
体型は？
仕事は？
休日の過ごし方は？

意外と即答できない人も多いのではないでしょうか。

モテコンサルのお客様にも好きな女性のタイプについて質問をするのですが、「わからない」という答えか、「かわいい人」「優しい人」などの、ぼんやりとした回答をされる方がたくさんいらっしゃいます。

好きなタイプの女性って、具体的にはどういう人のことですか？と聞いても、そこから答えが出てこないことが非常に多いのです。

自分が好きな女性のタイプを絞れていないことの弊害は、3つあります。

①モテ強マーケティングができない
②恋愛の満足度が低くなり、モチベが下がりかねない
③取捨選択ができない

## ①モテ強マーケティングができない

「落としたい女性像」を把握しておくことは非常に重要です。

好きな女性のタイプを把握しておかないと、どこで出会い、どうやって落とせばいいか見当がつきにくく、対策が打てないので、活動が非効率に陥りがちだからです。

自分の強みを活かし、的確な場所と方法で女性にアピールするためにも、「落としたい女性がどういうタイプか」、を掴んでおくことが大事です。

## ②恋愛の満足度が低くなり、モチベが下がりかねない

自分の好きなタイプがわかっていないと、仮にデートしたり付き合っても、「なんか違うな……」という違和感が拭えず、恋愛の満足度が低くなりがちです。

その状態で別の女性を探しても、また同じ状況になり、「なんか違う沼」にどハマりして、出会っては別れ……の無駄撃ちを重ねてしまうパターンもあります。

そのような恋愛を繰り返してしまうことで、「やっぱ恋愛なんてロクなもんじゃね

え！」と感じてしまったりすることも考えられます。これは恋愛へのモチベーションをいたずらに下げてしまい、行動を起こせなくなる恐れがあって非常に危険ですから、可能な限り避けるべきです。

## ③ 取捨選択ができない

目があった女性が全員落ちるレベルの男性でない限り、「完璧に理想の女性」を手にすることは、現実的には難しいところがあります。

〝巨乳でかわいくて、清楚でゲームが好きで、料理ができる20代前半〟という、特盛ぜんぶのせな希望を出しても、そんな女性を落とせる男性は少数です。

そこであなたは、完璧女性を落とせる完璧男性を目指すか、自分のレベルにあう女性を探す必要があります。

しかし、後者の場合、好みの女性が把握できていないと「どの理想を削るべきか？」がわからなくなり、**要素に優先度をつけて、取捨選択をするという調整がきかなくなります。**

自分の好みがわかっていれば、「巨乳はまあ譲れるけど、ゲーム好きで清楚な点は譲れない！」という取捨選択によるレベル調整ができ、完璧に理想とまではいかないまでも、満足度の高いパートナーを見つけやすくなるのです。

## 恋の主成分分析をやってみよう！

次に、具体的な主成分分析の方法を学んでいきましょう。

主成分分析を物凄く簡単に説明すると、過去の恋愛サンプルから要素を引き出して、わかりやすく要約することです。

これをガチでやろうとすると面倒すぎる上に、膨大なサンプルが必要なので、ここではかなり簡略化していることをご承知おきください。

そのため、主成分分析をするには、元になるサンプルが存在することが前提となりますから、男性の女性経験値によって、取るべき有効な方法が違います。

**目安として、女性との半年以上の交際経験が2人以上の方は①を、1人以下の方は②をご参照ください。**

## ①女性との半年以上の交際経験が2人以上の方

こちらのタイプの方は、ある程度好みの女性像が固まっている場合が多いです。さっそく、恋の主成分分析をしていきましょう。

### STEP1

今まで交際した、またはデートした女性を書き出し、好きだったところ、別れの理由になったところを書き出します。

### STEP2

書き出した要素を、A〜Dにランク付けしましょう。
ランクの定義は以下です。
A→絶対に譲れない最優先事項
B→絶対ではないけど、割とこだわる
C→もし可能であればこだわりたい

D↓最悪なくても良い

## STEP3

好きだったところ、別れの理由になったところのどちらも「A」がついた項目をまとめてください。

Aの数が多すぎても絞りきれないので、どちらもせめて10個以下、できれば5個以下になるようにしてください。

それを持っている／または持っていない異性が、「あなたの好きなタイプ」に近いと考えられます。

【検証】

A↓10点、B↓7点、C↓4点、D↓1点

と点数を振ってみてください（良い点はプラス、悪い点はマイナス評価してください）。

合計値が高いほど理想に近かった相手、低いほど相性が悪かった相手です。

私の例でいうと、図表2－4になります。

## 図表2-4　恋の主成分分析をせよ

| | 元カレA | | | 元カレB | | |
|---|---|---|---|---|---|---|
| 好きだったところ | C | 4 | イケメン | A | 10 | 頭がいい |
| | C | 4 | 細い | A | 10 | 高収入 |
| | C | 4 | おしゃれ | D | 1 | 理系男子 |
| | A | 10 | 優しい | A | 10 | 食の好みが合う |
| | B | 7 | フットワーク軽い | B | 7 | 束縛しない |
| 別れの理由になったところ | A | -10 | 頭が悪い | D | -1 | ブサメン |
| | B | -7 | 落ち着きがない | D | -1 | ダサい |
| | A | -10 | 低収入 | D | -1 | 仕事が忙しい |
| | A | -10 | 食の好みが合わない | A | -10 | 太っている |
| | A | -10 | 育ちが違いすぎる | B | -7 | だらしない |
| | A | -10 | 話が合わなすぎた | A | -10 | マイペースすぎた |
| | | -28 | | | 8 | |

| | 元カレC | | | 夫（参考） | | |
|---|---|---|---|---|---|---|
| 好きだったところ | A | 10 | 頭がいい | A | 10 | 頭がいい |
| | A | 10 | 会話が合う | A | 10 | 会話が合う |
| | C | 4 | おしゃれ | B | 7 | 気遣いができる |
| | B | 7 | 女慣れしてる | B | 7 | 女慣れしてる |
| | A | 10 | 食の好みが合う | A | 10 | 食の好みが合う |
| 別れの理由になったところ | A | -10 | 男尊女卑 | C | -4 | 背が低い |
| | B | -7 | 気遣いができない | C | -4 | 年上すぎ |
| | C | -4 | 年上すぎ | D | -1 | 自分より体重が軽い |
| | A | -10 | 浮気性 | D | -1 | 自分より小顔 |
| | C | -4 | 自分好きすぎ | D | -1 | 自分よりかわいい |
| | A | -10 | モラハラすぎた | | | |
| | | -4 | | | 33 | |

| | | |
|---|---|---|
| 好きだったところ | A | 優しい |
| | | 頭がいい |
| | | 高収入 |
| | | 食の好みが合う |
| | | 会話が合う |
| 別れの理由になったところ | A | 頭が悪い |
| | | 低収入 |
| | | 食の好みが合わない |
| | | 育ちが違いすぎる |
| | | 太っている |
| | | 男尊女卑 |
| | | 浮気性 |

ちなみに元カレAは、初めての彼氏です。右も左もわかっていない頃の彼氏だけあって、点数が一番低いですね(笑)。

元カレBは、人間的にそう問題がなくて割と好きな人で、総合点もプラス領域。

そして、夫はもちろん完璧なので最も高得点と、個人的には点数との整合も取れているように思います。

皆さんはいかがでしたでしょうか?

## ②女性との半年以上の交際経験が1人以下の方

このタイプの方は、そもそも、主成分分析するためのサンプルが足りません。

**サンプルが少なければ、自分に何が合うのかもわかりません。**

ラーメンを食べたことがないのに、「どの店のラーメンが好きか?」と言われているようなものです。

このタイプの方は、女性と接触する経験を増やすことが先決です。

できるだけ幅広いジャンルの女性のサンプルが集まると、なおいいです。付き合うまでいかなくとも、数回デートすれば、何となく相性のようなものは見えてきます。

そうして、判断のサンプルが揃えば主成分分析ができ、好きなタイプが明確になり、相性のいい女性を見つける精度を上げることができるでしょう。

このステップを踏んだあなたは、きっと「自分の好みの女子」がスラスラと言えるようになっていると思います。

恋の主成分分析の答えをもとに、**マッチングアプリで条件を絞ったり、合コンのリクエストを細かく出して、満足のいく女性と出会う確率をどんどん上げていきましょう。**経験を積むごとに、重視すべき要素がアップデートされていくので、適宜見直しもしていってくださいね。

①自分の好みの女性像を、明確化することが大事

②明確化のためには、主成分分析で重要視している要素を絞る

③新しい恋愛経験を積んだら、それをもとに分析をアップデートする

# 出会わなければ、何も始まらない

## 女性は天空の城から降ってこない

恋をするにあたって非常に重要なのに、意外と知られていない秘密をお話します。
実は、あなたがどんなにイケメンでも、お金持ちでも、コミュ力が高くても……

**女性に出会わなければ、恋はできません。**
**だから恋がしたければ、なるべく女性のいる場に出向き、女性と出会う必要があるのです！**

え？「そんなの当たり前だろ！」ですって？
そうお思いの方もいらっしゃるかもしれませんね。
が、この基本的すぎる原則すら、守れていない男性は本当に多いのです。

私の本業であるモテコンサルのお客様に、

「今まで何人くらいの女性にお会いしましたか？」

「恋活はしていますか？」

と質問すると、高確率で「2〜3人」「あまりしていない」と返ってきます。

それで「好きな女性と出会えない」「彼女ができない」とおっしゃるのですが、**さすがに出会いの母数が少なすぎます。**その調子では確率的に考えてもうまくいくはずがありません。


あなたは、この一年で何人の女性に出会いましたか？

そして、何人にアタックしましたか？


たった2〜3人で、「彼女ができない！」と嘆いているのなら、今日から意識して、出会いの機会を作りましょう。

恋は、出会う機会を作らなければ、絶対に始まりません。

モテない！　と悩む前に、この原則を頭に叩き込んで恋活・婚活に励むべきです。

## 「自然な出会い」にこだわりすぎると詰む

**出会いの母数が少ない人は、「出会いは作るもの」という観点に乏しいです。**

そのかわりに、「自然な出会いこそ至高」と考えている傾向があります。

つまり、職場やコミュニティなどでたまたま知り合った、「自然な」出会いから恋に発展するのがベストだと思い込んでおり、マッチングアプリや街コン、合コンや紹介を友達にお願いする……などは、「不自然な出会い」として、どこか蔑んでいるような印象を受けます。

もしかしたら、「自分から異性を求めるのは恥ずかしいこと」という感覚があるのかもしれません。

しかし、社会人になってからの自然な出会いは、

○職場

○既存の友人など、なんらかのコミュニティ

くらいではないでしょうか。そんな出会いの少ない環境で恋人を作ろうと思っても、そもそも出会いの数が少なすぎます。職場やコミュニティでは、周囲の目もあります。

そのなかで恋人を作るのは、かなりハードルが高いのではないかと思います。

女性慣れしている男性なら、少ない機会でもモノにできるでしょうが、恋愛経験が少ない男性には、それも難しいでしょう。

紹介を頼んだり、マッチングアプリを使ったりするのは、「自然じゃない」出会いかもしれませんが、彼女ができずにいるのなら、出会い方など選ぶ余裕はありません。

できる手は全て打って、出会いの幅を広げていく方が、理想の女性と出会える確率も、恋がうまくいく確率も上がります。

日本が誇るジブリの名作『天空の城ラピュタ』では、ある日突然、美少女が空から降ってきますが、日常生活でそんな奇跡は起こりません。

**出会いに貴賤はありません。**

あなたの目的は、「素敵なパートナーと出会って幸せな交際をする」ことであって、「自然に出会う」ことではないはずです。

であれば、出会い方にこだわるのがどれだけもったいないか、おわかりになると思います。

**手段を目的化しては、本来の望みは叶わなくなります。**

出会いの数はあればあるだけ、幸せな恋愛ができる確率を上げてくれます。

選り好みせず自分に合った出会い方を試して、女性と出会う機会をガンガン作っていきましょう。

①出会わなければ、恋は始まらない

②出会いに貴賤はない

第3章

# モテ強の会話戦略

## 「普通」に話せれば、圧倒的モテ強になれる

# おっぱいを見るな

## 全男性必見のOTS攻略法

第3章では、モテ強の会話についてお話しします。

その前に、１つだけ、女性と会話するにあたって周知徹底したいことがあります。

それは、「おっぱいを見るな」ということです。


でも、おっぱいっていいですよね。

ふっくら柔らかで、なんだかおいしそうだよね。

顔のすぐ下とか、あんな目立つところでがっつり主張されると、つい目が行っちゃうのもわかります。

やっぱ爆乳とか巨乳って、主張の仕方がダンチじゃん？

貧乳でも、胸元のスカスカ具合が、なんだか逆にセクシーだもんね。

別にエロいこと考えてる訳ではないんだけど、そんな張り切ってアピールされると見ちゃうよね。

私は女性なのでチラ見がバレたところで許されるわけですが、問題は男性がこれをやってしまうと、ドン引きされるってことです。


だからこそ改めて声を大にして、モテ強を目指す男性全員に伝えておきたい。

**おっぱいを、見るな。**

## おっぱいは巧妙に仕掛けられた罠

おっぱい。これは、男性にとっては巧妙に張り巡らされた罠……そうTrapnest。

ひとたび見ているのがバレると、「キモい」の烙印を額に刻まれる、罪の双丘。

女性は、自分の肉体に向けられた視線には非常に敏感です。

第1章で男性は女性にとって潜在的な脅威と申し上げましたが、おっぱいを見る男性は女性からすると、ドッグフードを前にした犬、ナマ肉を狙うライオン、のような存在に感じるのです。

つまり、「あ、わたし狙われてる」と思わせてしまう訳です。


自分の肉体が狙われている！

という感覚は、好意がある男性からならまあ許せるものの、**そこまで気持ちが盛り上がっていない男性からもたらされた場合の不快感ったらないです。**

いやもうほんと気持ち悪いんです、ゾッとします。怖気《おぞけ》が走ります。

「え、そんなつもりなん？　なに勝手に股間膨らましてんだよ。こっちはそんなつもり全くないから！！！」って感じです。

この感覚に男性はピンと来ないかもしれませんが、道を歩いてたらチンピラに「オウにーちゃん羽振り良さそうジャン？」とジロジロ見られながら声をかけられるシチュエーションが近そうだと思います。


もちろん、男性がたまたまおっぱいに目が行っちゃってるだけで、実際にとって喰らおうと思っている訳ではないことは、重々承知です。

でも、それは民度が高く法制度が整った現代日本だから〝そう〟なだけで、おそらく原始時代などは「狙われたらレイプコース」が、珍しくはなかったのではないでしょうか。

その名残と考えれば、好意がない男性からの視線に過敏になるのも、うなずける話です。


ここでは、男性が罠にハマって恋をドロップアウトしないよう、よくある**「おっぱいトラップシチュエーション（以下OTS）」**と、その攻略法について解説します。

## 会話中

代表的なOTSです。

女性は男性のおっぱいなどどうでもいいので、会話中は基本的には男性の目を見ていることが多いです。

ということは、「男性の視線がどこに向いているのか？」が、とてもよくわかるのですね。

ここで軽率におっぱいに目を向けてしまうと、「おっぱいトラップ発動、キモ男をフィールド上に召喚！」と、遊戯王みたいな事態になってしまいます。

なので会話中は意識して、相手の目を見るようにしてください。

しかし、ずっと目を見ているのは疲れますし、不自然ですよね。

ここでふっと目の力を抜いてしまい、視線を落とす人が多いのですが、これはいけません。

おっぱいを見てないのに、位置的にＯＴＳにかかったと誤解を生んでしまう可能性があります。

ふと視線を外したい時に見るべきは、「サイド」です。

軽く顔を背けてでも、左右または右下、左下、もしくは虚空に視線を逃がしましょう。

**視線を外す時は、何を見るでもなく遠くを見つめる、「虚無の視線」を習得してください。**

これで会話中のおっぱい問題は解決しますので、ぜひやってみてくださいね。

## 振り向きざま

複数人で会話している時などに、女性がふと隣の男性の方を振り向くと、おっぱいをガン見していて、非常に気まずい雰囲気に陥ることがあります。

この場合はおっぱいトラップ発動により、「ムッツリエロ男」がフィールド上に召喚されてしまいますので注意が必要です。相手の視線がこちらに向いていなくとも、視界には入っている可能性もありますし、突然振り向いたりするリスクもあります。

いついかなる時も、おっぱいは見ない。この心構えを24時間発動してください。

## 胸元が緩い

もっともアグレッシブなOTSです。

貧乳の女性が胸元の大きく開いたトップスを着ていたり、巨乳の女性がVネックを着ていたりすると、胸元が眼球にダイレクトアタックをかましてきます。

しかし、ここはぐっとこらえ、絶対に首から下に視線をやってはいけません。

**あなたが谷間を覗き込む時、谷間もまたこちらを覗いていることを忘れてはいけないのです。**

相手が隙のあるセクシーな服を着ている場合、女性としてもある程度は心を開いている可能性はありますが、ここで油断は大敵です。胸を見たからって「おっぱいを見てくれた！　カッコいい！」などと印象がアップすることは１００％ありません。

見え見えのトラップに引っかからないよう、女性の無垢な瞳だけを凝視して、やり過ごしましょう。

## おっぱいはベッドの上で

男性がおっぱいを見てもキモがられず、なんなら喜ばれるシチュエーションがあります。

それは、ベッドの上です。

体を許してくれるほどの関係であれば、おっぱいを凝視しようが、もうあなたの自由です。

むしろ下着越しのおっぱいを愛《め》で、生まれたままのおっぱいを堪能し、たっぷりと愛撫してくれる男性は、**ぞんざいにおっぱいをチョッと触って早々に挿入しようとする男性よりも、印象がいいことすらあります。**

ここまで我慢です。
ここまで我慢できたら、あなたの勝ちです。
だから耐えてください。
この呪文を、デートの前に10回唱えて耐えてください。

**「おっぱいはベッドの上で」**

そうしてゲットしたおっぱいは、きっと何よりも代え難い輝きを、ベッドの上で放っていることでしょう。

①おっぱいを見ない

②絶対に、おっぱいを見ない！

③おっぱいはベッドで見るもの

# 「普通」に会話ができるだけで、モテ上位層

女性と接する上で「会話」のできる男性が、少なすぎます。

意思疎通はできても、「女性の好む」「普通の」会話ができない男性が多すぎるのです。

デートまでこぎつけても、次につながらない男性は、「会話」に問題があるケースが多いです。そもそも女性と男性の好む会話は、まるきり違うことをご存じでしょうか？


**会話には、「男型」と「女型」が存在します。**


姉や妹がいたり、幼い頃から女子と絡んでいた男性は、この「女型の会話」に慣れていることが比較的多いです。

しかし、ひとりっ子、男兄弟に生まれ、中高は男子校、さらに大学は理系で「男型」

の会話しか知らない男性などは特に……「女型」の会話を知らず、「女性が喜ぶ〝普通の〟会話ができない」人が多い印象です。

ここまで極端でなくとも、「女型の会話」が流暢にできる男性は、おそらく全体の半分もいないでしょう。

現代の恋愛では、お金がある、顔がいい、だけではダメです。

「一緒にいて楽しい」という感覚こそ、最大の価値を持つのが現代です。

それゆえに、今の恋愛で女性に「楽しい！」と思ってもらうには、女性の喜ぶ会話ができることがマストであり、それができなければ、恋愛市場から半分脱落したも同じなのです。

しかし、安心してください。

**翻って言えば、「女型の会話」をマスターすれば、一気にモテ強になることが可能です。**

会話力は、努力によって改善しやすいポイントです。

イケメンになろうと思ったら整形でがっつり顔をいじる必要があるし、身長を伸ばすには骨を切りツギハギしなければならず、実質的に無理ですよね。

学歴を変えるのも難しいし、いきなり年収を1000万円にしてハイスペリーマンを目指そうとしても、なかなかしんどいこともあるでしょう。


それに比べて、**会話力はコストもかからず、自分の努力でなんとかできます。**

会話は、男女の考え方の違いを頭に入れて、矯正すれば改善が可能で、成果が出しやすい要素なのです。

この章ではモテの上位に食い込むべく、会話力について解説していきます。

① 会話には男型と女型があり、その違いをマスターする
② 会話力は改善しやすいモテ要素

# 男型会話と女型会話の違い

## 男は事実、女は共感

ここでは、男女の会話の違いがわからない方のために、男型会話と女型会話の違いについて解説をしていきます。

### ポイント① 女性の会話は「関係構築」⇕男性の会話は「情報伝達」

男型会話と女型会話の最たる違いは、その目的です。

男性は、会話を「情報伝達手段」として使用し、ファクトベースで会話をする傾向があります。

例えば、いわゆるオタク男性の会話を聞いていると顕著なのですが、「こんな新しい技術ができた」

「こういうアニメが始まって監督が○○で」

「最新のガジェットの性能が云々」

と情報交換したり、議論したりすることが多いように思います。

また、会話の対象も人や感情ではなく、モノやコトが多い印象です。

男性同士の会話は基本的に、事実を元にした情報の伝達交換、議論の割合が多いのではないでしょうか。


一方で、女性は会話を「人間関係を構築するための手段」として活用する傾向にあります。

興味の対象は、「人」や「感情」のことが多いです。

相手に寄り添って理解したり、共感したりするコミュニケーションを好む傾向にあります。

文化庁が出している平成24年度の国語に関する世論調査にも、このようなデータがあります。（図表3－1）

図表3-1　女性が好む会話、男性が求める会話の違い

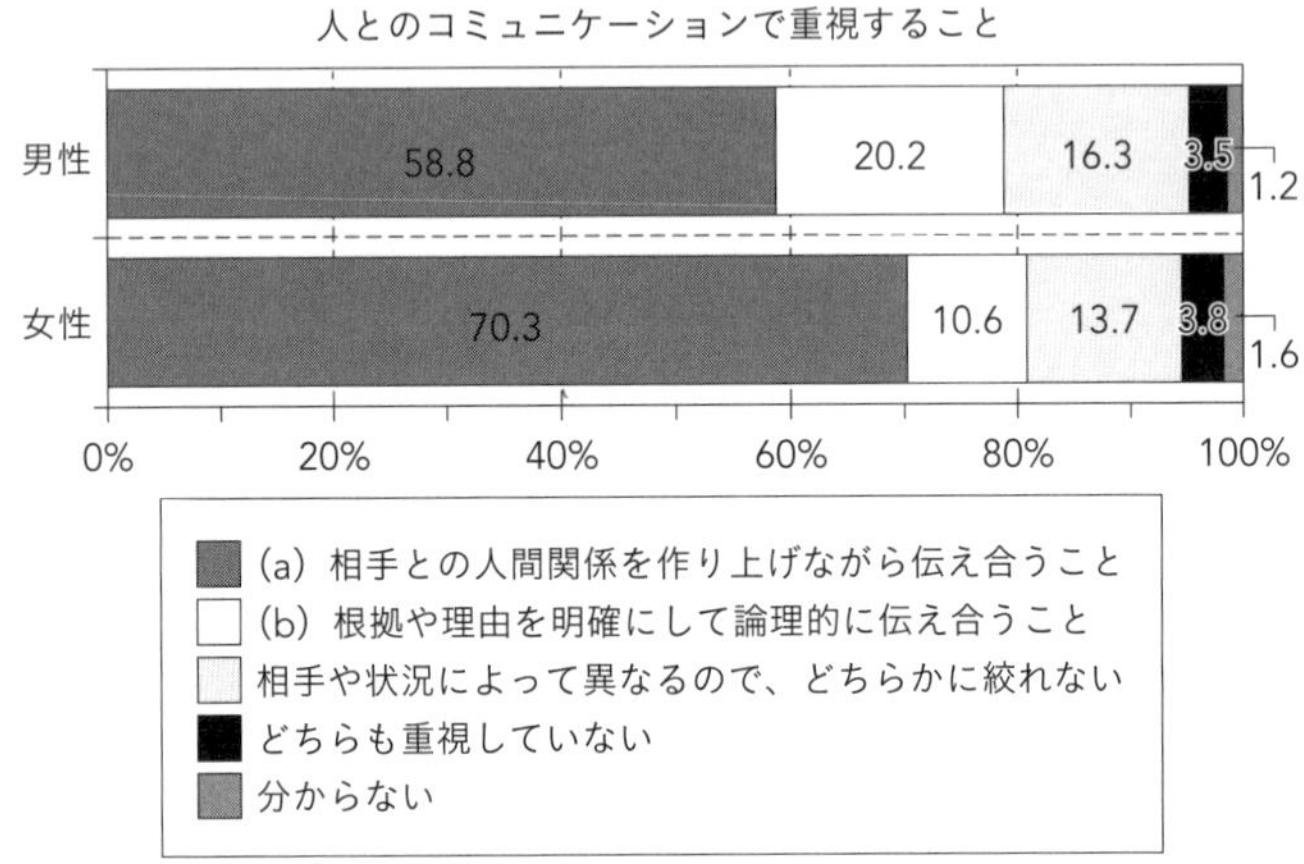


（平成24年度・文化庁「『国語に関する世論調査』の結果の概要」より）

注目すべきは項目（a）と（b）の男女差です。傾向ではありますが、男性は情報をきちんと相手に伝えることを意識し、女性は人間関係を構築しながら、コミュニケーションすることを重視している人が多いことが、見て取れるかと思います。

これがなぜかというと、原始時代をイメージすると非常にしっくりきます。

当時の男性の仕事といえば、主に狩りや、外敵からコミュニティを守ることでした。

なので、「あそこにマンモスが出たぞ！」「猛獣の足跡がある！　付近を警

戒しろ！」という事実ベースの会話が中心だったはずです。

一瞬で状況が把握できるよう、情報を正確に説明する能力が、重要なスキルだったと言えるでしょう。

一方で、女性の仕事は、育児や洞窟でドングリをすり潰す、などの役割が主だったはずです。

閉鎖的なコミュニティの中では、周囲とうまく協力する能力が必要とされたはずで、人間関係を構築することに重点を置いたコミュニケーションが中心になったのは、納得感のある話だと思います。

会話において、**男性は情報を伝えることを重視する一方、女性はお互いを理解し、人間関係を構築することが主な目的であることを、まず頭に入れておいてください。**

ポイント

## ② 女性は共感を重視⇕男性は問題解決を重視

**女性は会話において、なにより共感を重視します。**

女性同士の会話を耳にしたことはありますか？

聞いたことない！　という方は観察が足りません。今すぐ近所のオシャレカフェに行って、女子2人組の席の隣を陣取って、会話を盗み聞きしてみてください。

「カレシに浮気されてるみたいなんだけど……」

「なるほど、となるとA子の取るべき解決策は3つだね。①証拠を掴んだ上で、浮気が嫌だってことを伝えて話し合う。②素知らぬふりして包容力のある女性を演じる。③問答無用で別れる。さあどうする？」

……なーんてことを話してるテーブルはありません。

「カレシに浮気されてるみたいなんだけど……」

「えーほんと？　彼氏さいあく!!　A子みたいなかわいい子を差し置いて意味わかんない！　大丈夫？」

図表3-2　女性が好む会話、男性が求める会話の違い

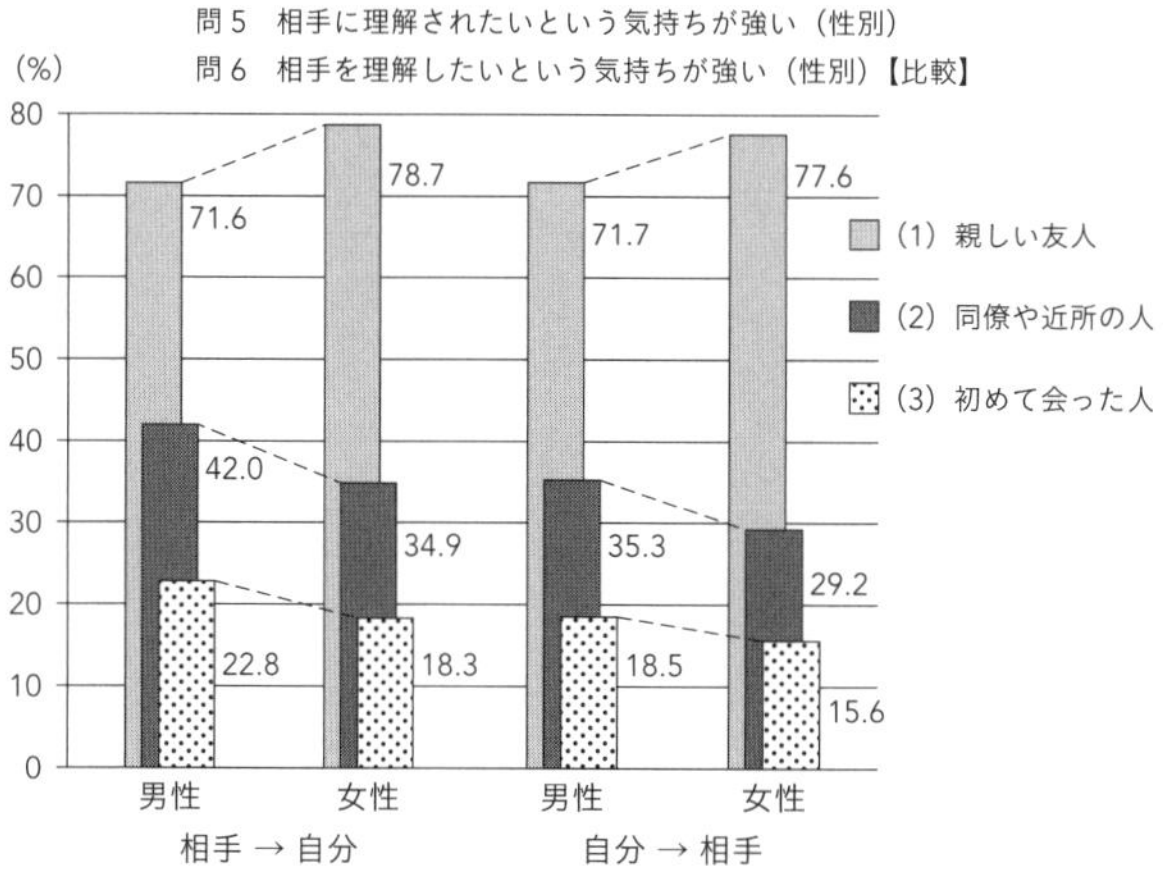


（平成25年度・文化庁「国語に関する世論調査」の結果の概要より）

「だよね……マジありえない……つら」
「辛いよね！　もーほんとないわ彼氏！」
……これが多くの女子の会話です。

ポイント①で、「女性は人間関係を構築するコミュニケーションを重視している」と書きましたが、その延長で**女性は親しい人には自分を理解してほしいし、相手を理解したい気持ちが男性より強いです。**

文化庁の平成25年度の国語に関する世論調査にも、これを示す興味深いデータがあります（図表3－2）。

これは「誰に対して、相手を理解した

いと思うし、また理解されたいか？」という質問ですが、男女で結果が対照的なのです。

男性は、あまり面識のない相手を理解したい／されたいと思う傾向があるのに対し、女性はより身近な人に対して「お互い理解し合いたい」思う傾向にあります。

言いかえると、**「女性の『身近な人』になるには、お互いのことを深く理解している必要がある」**ということでしょう。

なので、女性は、恋人または恋人候補からいかに共感が得られるか、ということを重視しますし、これがないと、「私のことを理解してない！」と判定され、総スカンを食らってしまうのです。


男性にはない感覚かもしれませんが、女性は、自分の気持ちに共感が得られないシチュエーションが非常に不快だし、納得できないし、すごくモヤモヤしてくるのです。

そして、「理解してほしい！」「共有したい！」という気持ちが消化不良を起こして、いずれキレます。

女性にとっては、「自分のこの気持ちをわかってよ！」という感情を処理する方が、目先の問題解決よりも、優先度が高いのです。

なので、モテるための女性との会話では、共感性を示すことが、何より重要です。

とはいえ問題を解決したり、自分の意見を言うべき時ももちろんあるでしょう。

**その時は、「そうなんだ、○○なんだね」などの、相手の気持ちに寄りそう「共感フレーズ」＋言いたいことのコンボにすると、女性の心証が悪くならないのでオススメです。**

## 男女の会話は別モノと考えよ。モテたければ女型会話をマスターせよ！

男性の好む会話と女性の好む会話は、明確に違いがあります。

ここを見誤ると、フランス人に広東語で話しかけるくらいのミスコミュニケーションを生む可能性があり、とても危険です。

次項以降は、女型会話をマスターするためのヒントを具体的にまとめてありますので、熟読の上、モテる会話を身に付けてください。

①男型会話と女型会話は明確に違う
②男性は、事実・情報伝達・問題解決を重視
③女性は、人間関係構築・相互理解・共感を重視

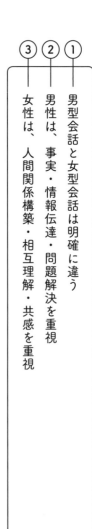

# 喋るより、喋らせる

## 喋らせる技術を学べ！

女性との会話では、自分が喋りすぎても、喋らなすぎてもダメで、このバランスが大事です。

**基本は、女性に自分より多めに話してもらうことを意識しましょう。**

自分を良く見せようと、自慢話や自分の話ばかりを喋りまくって女性を置き去りにする男性がいますが、完全に逆効果です。

女性に多めに話してもらうことのメリットは、以下のとおりです。

①女性が自分のことを存分に話すことで、「楽しかった！」と思わせやすい
②相手の情報を多くゲットできる
③自分が喋るターンが少なくなるので、会話が楽に進む

人間は、なんだかんだ自分が一番好きです。

なぜ小学校の校長が、朝礼や終業式であんなに長いスピーチをするかわかりますか？

気持ちいいからです。誰かに自分の話をして、それを聞いてもらうのが。

逆に、小学校の校長の話を聞いていた時の自分を思い出してください。

つまらなくて退屈していませんでしたか？

校長スタイルをあなたがデートでやったら、「あーつまんない」と女性に毛嫌いされるのは、火を見るよりも明らかです。


自分のことを話して、相手がそれを楽しそうに聞いてくれるだけで、人は承認欲求が満たされます。女性の場合は特に「自分のことをわかってくれた！」と親近感を抱きやすい傾向にありますので、これを使わない手はありません。

さらに、相手に多く話をしてもらうことで、その女性の情報が多く集まるのもメリットです。

相手の好みや考えがわかれば、その後のデートのお誘いなども、グッとしやすくなりますよね。

加えて、相手が喋ってくれるほど、自分の会話のターンが減るので、男性が孤軍奮闘して盛り上げなくてもよくなります。それにより、会話のネタも尽きにくくなるのもメリットです。

しかし、喋らせるにもスキルが必要です。

相手はお笑い芸人やユーチューバーでもない、一般の女性です。黙っていても無限に一人語りができるはずもありません。**喋らせるには、「聞くテクニック」が非常に重要なのです。**

「相手に喋らせる技術」を学び、女性にとって、満足度の高い会話ができるようになりましょう！

## 【喋らせテク】

### ① リアクション芸人になれ！

会話下手な男性の特徴に、「リアクションが死ぬほど下手」というものがあります。

下手というより、しない。

女性が何を言っても反応が〝無〟。

「へえ」「はあ」と薄いリアクションで、ペッパーくんでもまだマシな反応するぞ？

と言いたくなります。

会社のプレゼンでも、頷いてくれたり反応があった方が、断然喋りやすくないでしょうか。


会話も同じです。

特に女性は相手の顔色を読むのが得意なので、相手が無反応だと、

「この話、つまらないかしら……？」

「話題を変えた方がいいのかな……」

と不安になって話をやめてしまったり、余計なストレスを感じてしまって、「楽しくなかった」「話しにくい人だった」という悪い印象を持ってしまいます。

**これを防ぐためには、相手がつい話してしまいたくなるような、リアクション芸人なみの反応をするのが、非常に大事です。**

**ポイントは、相手の話を興味深そうに聞くこと。これに尽きます。**

「あなたの話に興味があって、楽しく聞いてますよ！」というアピールを全力でしてください。

具体的には、

○笑顔でニコニコしながら聞く
○姿勢を前のめり気味にする
○合いの手を入れる

特に、合いの手は相手をノセるために重要です。女性の会話の合間にぜひ入れてください。

代表的な合いの手は、以下です。忘れないように、**「へ～安そーな馬」**と覚えましょう。

**へ～!**
**やば!**
**すご!**
**そーなんだ!**
**なるほどなあ**
**ウンウン!**
**まじ⁉**

お手本にすべきは、お笑い芸人の明石家さんまさんですね。

彼はひな壇芸人さんも一般人も見事にぶん回して、トークを盛り上げることに定評があります。

見ていると、目をキラキラさせて相手の話を聞き、「そ～なんや!」と合いの手を入れたりと、全身で「興味深い！　もっと聞かせて！」と示す反応をし、相手に気持ちよく話させるためのリアクションの取り方をしています。

ちょっとオーバーに見えるかもしれませんが、自分ではリアクションしているつもりでも、相手には意外と伝わっていなかったりするものです。

少しオーバー気味にやるくらいで丁度いいと思います。

**「あなたの話をもっと聞きたいです！」という気持ちが伝わるような反応ができるようにしましょう。**

## ② ツボを突いた質問をしろ！

相手に気持ちよく話してもらうには、突いてほしいところを的確に突いた質問力が必要です。

質問が上手な男性は凄腕の指圧師のようなもので、「あゝっ、そこそこ！　ソコを聞いて欲しかったのおおおおおおおおお」と悶絶したくなるほど的確に、「聞いてほしいポイント」を突いた質問をしてきます。

一方で質問力がない男性は、「え、そこじゃない。全然気持ちよくないんだけど」みたいなピントのズレたところばかり突いて、女性をイラつかせてしまいます。

では、「どういう質問がいい質問か？」については、**「相手の動機や感想を聞き出す質問」を意識するといいでしょう。**

これをすると、相手は存分に自分語りができ、会話の満足度が高まりやすくなります。

## ③ 自分の情報も提供せよ！

相手に喋らせろ！ と言うと、「聞き役に徹すればいいんだよね？」と思い込んで喋らなくなる男性がいるのですが、それでは「会話上手な人」にはなれません。

というのも、**相手に聞いてばかりだと「自分だけが情報を差し出している」と女性に不平等感を与えてしまい、印象が悪くなるからです。**片方が一方的に情報を得るのは、会話というより、もはや尋問ですよね。

**会話の中で自分の情報も開示していく必要があります。**

とはいえ、脈絡もなく自分の話をするのは不自然極まりないし、下手をすると「自分語り野郎」の烙印を押されかねません。

そこで**お勧めしたいのは、「俺もそんなことあったスキーム」です。**

女性が話した内容の中で、自分にも近いエピソードがある時に、**「わかる、自分もこんなことがあって……」「自分はこういう感じで……」と自己開示をしていくのです。**

これなら話に脈絡があるので、不自然さを出すことなく自分の話ができます。

自己開示をすることで相手も心を開き、もっと喋りやすくなって会話が盛り上がりやすくなるでしょう。

1. さんまさん並のリアクション芸をする
2. 女性が聞いてほしいツボを突いた質問で話を膨らませる
3. 一方的に喋らせるのではなく、自分の情報も提供する

# 会話上手に必要なのは、ネタと技術の両輪

前項では「自分が喋るより、相手に喋らせた方が会話がラクになる」と申し上げましたが、それはいわば、逃げの戦略です。

喋れないより、喋れた方がいいに決まっています。

トーク力という「武器」があった方が、会話の幅と対応力がつきますし、攻守両方ができると自信もつき、一気に会話上手になることができるのです。

ここでは、会話を盛り上げる「モテ強の攻めのトークテクニック」について学んでいきます。

## ポイント ① 会話上手はネタが豊富

会話上手になるポイントは2つです。

1つ目は、「ネタの豊富さ」です。

例えば、寿司屋に行ったとして、「ウチ、マグロしか扱ってないんで！」と大将に言われたら、かなり興ざめですよね。イカもイクラもウニもアナゴも食べたいのが、人のサガってものですよね。

会話も同じで、特定のトピックしか話のネタがない男性は話に広がりが出ないため、「それしか話すことないの？」「つまらない」「イクラとウニも仕入れとけよタコ！」、というダメ男の烙印を押されてしまいます。

「自宅と会社の往復しかしてないし、休日は寝るだけ！」という人がたまにいますが、話のネタがほとんどなく、高確率でつまらない会話をしています。

また、話のネタがたくさんあるほど、会話のバリエーションが広がって、話が膨らみやすいメリットもあります。

例えば、女性がパンケーキの話を振ってきたとします。

仕事に関する会話のネタしかない男性は、もうそこでお手上げです。

せいぜい「パンケーキって美味しいんですか？」とアホな質問をぶん投げ、「はあ、なるほど……そんなに美味しいんですね（沈黙）」となるのが関の山ではないでしょうか。

これではもったいないです。


しかし、パンケーキ有名店の「Eggs'n Things」で、一度でも食べたことがあったら？

さらにハワイに本店があることを知っていて、海外旅行の話に繋げることができたら？

それだけでも、かなり会話が膨らむと思います。


このように、ネタの量に比例して、確実に会話のカバー範囲が広がります。

相手がどんなネタを要求してきても、「ハイお待ち！」と打ち返せるようになりますし、もし知らないネタを振られても、「なにそれ、教えて？」と聞いておけばいいので、無敵状態になれるのです。

したがって、**ネタ元となる知識や経験の引き出しは多いほど有利なので、普段から積極的に会話のネタを収集するようにしましょう。**

会話のネタは、「知識型」と「体験型」があります。まずは自分の興味があるものを中心に、どちらもバランスよく集めましょう。

## 「知識型」

○作品系（映画、ドラマ、漫画、本など）
○場所系（遊びスポット、レストランなど）
○ニュース系（真面目なものから芸能系まで）
○流行りもの（パンケーキや芸能人、ヒットしてる作品など、女子の好みそうなもの）
○自分の趣味関連
○一般教養関連

### 「体験型」

- ○仕事のおもしろエピソード（仕事の失敗談やトラブル、面白い人々など）
- ○プライベートでの体験談（趣味など）
- ○身の回りの面白い人々・おもしろエピソード

**会話には、あなたがどう生きてきたかが、全て露呈します。**

好奇心を持って、普段から様々なことにアンテナを伸ばすことが大事です。それは積もり積もって、あなたの身を助ける武器になることでしょう。

## ポイント② 会話上手は伝える技術がある

いくら美味しいネタを仕入れていても、大将の握りの技術がなければ美味しい寿司は作れません。会話も同じで、**いくら話のネタがあっても、「伝える技術」がなければ、楽しい会話にはなりません。**

女性を楽しませる会話をする際には、以下のポイントを意識しましょう。

## ①会話はキャッチボール

会話は、相手とのキャッチボールをイメージしてください。
相手が投げたボールをキャッチし、相手が取りやすいように投げ返す、というのが基本です。
前後の文脈を無視してトンチキな話をする「暴投」や、
相手が投げてくれた話題を踏まえないで話を展開してしまう「キャッチミス」、
自分の話ばかりする「強制千本ノック」などをしてしまうと、
「会話のキャッチボールができない＝コミュニケーションスキルがない＝楽しくない」と判断されるので、避けるべきです。

会話に慣れていないと、「次に何を話そう!?」と焦ってしまうあまり、相手の話をあまり聞いてないという事態になりがちです。ゆっくりでもいいので、相手の話はきちんと聞くようにしましょう。

## ②会話は連想ゲーム

会話には文脈、ストーリーが必要です。あるトピックから連想されるものを、次のトピックとして挙げる作業を続けることで、会話がスムーズに進みます。

文脈のない会話がどういうものかというと、寿司の話をしていたのに、いきなりガンダムの話をするようなものです。「え、どうしてそうなった!?」とびっくりしますよね。

脈絡のない話をしてしまうと、女性はあなたの頭の中が理解できないので混乱し、ただただ不気味な印象になるので避けるべきです。

**連想ゲームのように、今上がってる話題の中から次のトピックを連想し、自然に繋げていきましょう。**

女「代官山のタピオカ美味しくって〜」
男「へーいいね！　タピオカ好きなの？」

女「うん、甘党なんだよね」
男「甘党なんだ！　そういえばこの前台湾行ったんだけど、めっちゃ甘いもの天国で〜（以下、甘いものトークや旅行系の話にスライド）」

このケースでは、タピオカ↓タピオカといったら甘い↓甘いといったら台湾はスイーツ天国……という風に連想して、会話を膨らませています。

連想が途切れてしまったり、飛び飛びになってしまう時は、魔法の一言、
「てか、ぜんぜん話変わっちゃうんだけどさ」
「てか、話が戻るんだけどさ」
を唱えましょう。

**これを唱えるだけで、あなたが「いきなり脈絡のない話をおっぱじめる何考えてるかよくわからない人」と思われるリスクを、限りなくゼロにすることができます。**

## ③ エピソードトークは会話のふくらし粉

**会話の基本的な技術としては、きちんとキャッチボールをしながら、連想ゲームで話を広げていく……という作業ができれば十分です。**

とはいえ、それだけだと単調なので、時たま「**エピソードトーク**」をぶち込むことで話に幅を持たせ、さらに会話を膨らませましょう。

**エピソードトークとは、会話に関連のある、自分が体験したエピソードを、臨場感たっぷりに話す技法です。**

女「この前、猫カフェ行ったんだ〜」
男「へ〜いいね、猫好きなの?」
女「うん、家で飼えないから猫カフェで我慢してる」
男「あ〜わかる、俺も昔は犬飼いたくてしょうがなくて、近所の庭に侵入して無断でその飼い犬と戯れてたんだよね。そしたらある日、その家の人に警察に通報されてマジびびった(笑)」

エピソードトークにより会話にメリハリがつき、笑いどころなどを意図的に作ることで、会話が盛り上がりやすくなります。

さらに、笑いや悲しみなど、その時に自分が感じた感情を、相手に追体験させることで共感を呼び、親密度がアップする効果もあるので、会話に適宜織りまぜましょう。

## ④ イジりのスパイスで急接近

少し難易度の高いテクですが、「相手をイジる（突っ込む）」ことで会話が引き締まり、うまくいけば、一気に心理的な距離感を縮めることができます。

イジりのコツは、**「相手がコンプレックスに感じていないであろう部分をつつく」**ことです。

例えば派手な美女が、

「最近ジム通いしてたら腹筋割れちゃって〜」

と言ったら、

「え、マジで!? 男らしすぎやん！」

と返すなどが考えられます。

解説すると、明らかに女性っぽい美女ならば、自分の女性としての魅力を十分に自認していることが推察されるので、「男っぽい」と言ったところで気に病むことはないと考えられます。

この場合は「イジり」として成立します。

が、そこまで容姿に自信のなさそうな女性だったら？

このケースは、自分の女らしさにコンプレックスがある可能性が高く、「男らしい」という発言が劣等感にクリーンヒットして、ただの「ディスり」になるリスクが高いのでやめておきましょう。

このあたりの距離感が掴める男性であれば、イジりは自分のコミュ力のアピールにも使えますし、女性と心理的に近くなれるため、取り入れるのがオススメです。

会話上手になるには、①話すネタ②ネタを届ける技術の両輪が必要です。

日頃から意識的にネタを収集しつつ、会話の実践の中で前述のスキルを意識し、「また会いたい！」と女子に言わせるトーク力を少しずつ身に付けていきましょう。

①会話のネタは、意識して常に収集する

②いいネタがあっても、伝える技術がなければ意味がない

③キャッチボール、連想ゲーム、会話の膨らまし方、イジりスパイスを意識

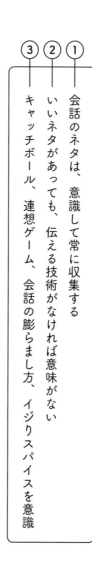

# また会いたい！と思わせる会話へのSTEP①

## 出会い頭を制するものは、デートを制する

ここからは、「また会いたい！」と女性に思わせる会話についてです。

前提として、マッチングアプリなどで初めて会った男女のシチュエーションを想定していますが、いろんな状況に対応可能なので、参考にしてみてくださいね！

### 出会い頭で空気を支配せよ！

マッチングアプリでの初回デート、日曜の昼間にカフェで待ち合わせ、さあ、どんな人が来るんだろう……。

男女ともに、初めて会う時というのは、少なからず緊張しますよね。

そんなシチュエーションこそが、モテ強の腕の見せ所です。

出会い頭で場の空気を握ることができるとデートがスムーズになるので、今日からぜひやってみてください。

## ポイント① 初対面は必ず笑顔で！

**初対面に欠かせないのは、何はなくとも笑顔です。**

ファーストインプレッションは、必ず笑顔でキメてください。

それも、**春に花が綻ぶように、温かな笑顔**というイメージです。

そんなの当然じゃん！　と思う方もいるかもしれませんが、意外とできていなかったりします。

自分では自覚しにくいのですが、男性は「表情筋、本当にあるの？」というくらい、表情が乏しい人が多いです。

特に、日々が家と職場の往復で、人とあまり会話しないような職業についている人などは、ずっと無表情でいるためか、顔面が板のように張り付いてしまっています。

この表情で初対面となると、女性はどう感じるか。

女性は単純に、「怖い」という印象を持って、固くなってしまいます。

なぜなら、自分が歓迎されているのか、拒否されているのか、わからないからです。

**笑顔とは、「あなたに敵意がないですよ」という意味を含みますので、初対面でお互いの考えがわからないタイミングでは、真っ先にアピールすべきです。**

初対面の印象は後を引きますし、しょっぱなから相手を警戒させていいことは一ミクロンもありません。

何より、笑顔はタダです。

ただ口角を上げて、目尻を下げればいいんです。今すぐできます。

ファーストインプレッションはこぼれるような笑顔で。これを頭に叩き込んでください。

ポイント
## ② 最初の会話は自分から

「初めまして」のあとの、最初の一声。

何を喋るべきか、わからなくなりますよね。

でもそれは、女性も同じです。

モテ強としては、ここで第一声を女性に譲ってはダメです。

男らしくない、場慣れしていないヘタレのような印象を与えかねません。

**この一声を自ら発することでリードし、場の空気を支配して有利になるよう誘導しましょう。**

「でも、何を喋ったらいいのかわからないよ！」という迷える男性の声が聞こえてきますね。

オススメしたいのは、「気遣いの一言＋自己開示」、「とりあえず驚く」、「色をツッコむ」テクニックです。

## 「気遣いの一言＋自己開示」

出会い頭でまず意識すべきことは、「相手に心を開いてもらい、そのあとの会話をスムーズにすること」です。

そのためには、自ら先に胸襟を開くことが効果的です。これにより返報性の原理が働き、「あ、私もここまでくだけていいんだ？」と女性も心を開きやすくなります。
これに相手を気遣うワードを組み合わせることで、紳士的な印象も与えられ、より相手の気持ちをほぐしやすくなるでしょう。

男「こんにちはー！　初めまして」
女「初めまして！」
男「外寒くなかったですか？　コートこっち掛けられますよ」
女「寒いですね、あ、ありがとうございます」
男「最近急に寒いですよね、自分、外回りで自転車乗るんですけど、もう手荒れがやばくて（笑）」

このように自己開示してネタを出すことで、クスッと笑ってもらえて空気が柔らかくなる可能性もありますし、会話も自分のペースに引っ張れるようになります。最初に何を言うか、その日の天候や状況に合わせて会う前に少し考えておけば、このあとの会話をある程度は誘導できるからです。

この例で言えば、自然と仕事の話や、手荒れトークなどにも繋げやすいですよね。得意なジャンルの話題に繋げられそうな自己開示ネタを事前にセットしておくといいでしょう。

こうすれば、「初めまして」からの「沈黙（えーと、なに話そ……）」のような、気まずい空気も避けられますし、お見合いのように脈絡もなく「ご趣味は」と堅苦しい会話にならずに済みます。

## 「とりあえず驚く」

これは心の距離を、グッと近づけるためのテクです。

**とりあえず、何か女性の服装や持っているもので、ツッコめそうなものがあれば指摘して驚いてください。**

**ちょっとおどけ気味にするのがポイントです。**

「えっコートめっちゃフワフワ！　あったかそ！」

「スマホケースでっか！　かわいいね（笑）」

そこから関連した会話に繋げられると、スムーズに会話が始まり、打ち解けやすいと思います。

**注意したいのは、指摘の対象は「モノ」にすることです。肉体はいやらしい印象を与えかねないので、厳禁です。**

「うわ！　スタイルいいねえ」などと言ってしまうと、「は？　早速カラダしか見てねえのかよキモっ」と、逆効果になる可能性があるので避けてください。

## 「色をツッコむ」

自己開示ネタも、突っ込みポイントも見つからなかった場合の、最終手段を伝授します。

女性が身につけているモノの「色」にツッコみましょう。

例えば春に出会った女性がピンクのワンピースでも着ていたら、「おーすごい春っぽい！　めっちゃ季節感ありますね！」などです。

無色透明の服を身につけている人は変態以外にいないので、これができないという甘えは許されません。ツッコんだ後は、その季節に応じた話題でも振れば、入りは完璧です。

季節の部分を変えれば、テンプレ化しても使えますので、本当に話すことに困ったら、最後の手段にどうぞ。

第一印象は強烈に印象に残ります。その後のデートの雰囲気にもかなり影響しますから、バカにできません。逆に、最初にスムーズなスタートを切れれば、メンタル的にもだいぶ楽です。

**出会い頭を制する者は、デートを制する。**

相手に与える印象は自分の行動次第で操作することができますし、自分に有利なように空気も支配できます。

スタートダッシュでコケないよう、笑顔と最初の一言でリードするのを忘れずに、デートの「出会い頭」を攻略していきましょう。

## ① 初対面は、笑顔で

② 最初の会話は、自分から振って空気を掴む

③ 出会い頭を制するものはデートを制する！

# また会いたい！と思わせる会話へのSTEP②

## ココロのオイルマッサージで女性をほぐせ

さて、出会い頭の挨拶も終わったところで、カフェだかレストランだかの席に着いたあなたと女性。

初対面の場合はどうしても緊張してしまうかと思います。それは仕方がありません。しかし、繰り返しになりますが、女性も初対面の男性の前で緊張しているのです。だからあなたはガチガチに緊張して、「何を話そう……」と固まっている場合ではありません。デート成功のためにこり固まった女性の心をほぐし、距離感を縮めやすくする努力をすべきなのです。

AVのジャンルで、オイルマッサージものがあるでしょう？

だいたいあのようなイメージです。

最初はなんだか強張っている女優さんも、ソフトタッチで撫で回されるうちにリラックスして身悶えます。

カフェで本当にオイルマッサージをしたらポリス案件ですが、あのイメージで**女性の心を会話でほぐしていき、リラックスさせて、デートをスムーズに運べるようにしましょう。**

ここでは、簡単にできる「会話ほぐしテクニック」をご紹介します。

## ほぐしテク ① メニューでほぐし

席に着いたら、率先してメニューを開いて、女性と一緒にのぞきましょう。

男性の中には、女性に先にメニューを渡してその後に自分が選んだり、メニューが二冊ある場合に、それぞれ一冊ずつ見るケースがあるのですが、せっかくのほぐしチャンスを無に帰すもったいない行動です。

一緒にメニューを見て、あれやこれや楽しく会話しながら選ぶのが、ほぐしのポイントなのです。

テーブルに身を乗り出して、メニューを横にして一緒に見てみてください。メニューに軽くツッコミを入れつつ、コミュニケーションを取りながら注文を選ぶようにしましょう。

ちょっと変わったものがあれば、それを話のネタにするのもいいですね。

例えば、こんな感じです。

男「何にしましょうか、食べ物は何が好きとかありますか？」
女「うーん、甲殻類全般ですかね……」
男「甲殻類⁉　エビとかですか？（笑）」
女「エビも好きです！」
男「このシュリンプバケツすごくないですか（笑）。アメリカンサイズ！　一気していいですよ（笑）」

このように、メニュー選びを入り口にすると、何かしら会話のネタが見つかります。

何を話すか迷いがちなデート初期の会話の糸口としてはうってつけですし、ほぐしと同時に相手に関する情報収集がしやすいのも重要です。

この例で言うと、「彼女は甲殻類が好き」という情報がさっそく手に入りました。

これだけでも、メニュー選び後の会話に役立てることができます。

初対面のデートが公園や遊園地ということはあまりないですし、メニュー選びはほぼ100%の確率で発生するので、活用しやすいテクニックです。

メニュー選びを二人の共同作業にして、相手と打ち解けるためのほぐし手段として使っていきましょう。

## ほぐしテク② タメ語MIXでほぐし

女性慣れしていない男性の多くが、デートでも最初から最後まで生真面目に敬語を使いますが、それは悪手です。

人と人との間には、距離感というものがあり、この距離感を見誤ると嫌われます。例えば、初対面でいきなりタメ語だと、普通の人は引いてしまいますよね。

その一方で、仲良くなるためには、距離感を自分でコントロールする必要があります。「この人と距離を縮めたい」と思ったら、自分から距離を詰めるアクションをしないと、ずっとよそよそしい関係のままになってしまうのです。

**真面目な男性のやりがちなミスが、「終始敬語で喋ること」です。**

彼らは、「相手に失礼があってはいけない！」という生来の生真面目さから、律儀にデート中も敬語を貫き通すのですが、その結果として、全然女性との心理的距離が縮まらないというトラップにハマりがちです。

確かに、最初は敬語でもいいでしょう。「初対面の相手には丁寧に接することのできる、常識のある人」アピールをするために必要なステップです。

しかし、そのままずっと敬語だと、仲良くなりにくいのも事実です。

**なぜなら、敬語とは私的な言語ではなく、公の言語だからです。**

相手との間に「公」の一線を引くのが敬語であり、だからこそパブリックな場やビジネスの場で多用されるのです。それゆえ、敬語で喋る関係は「公」のものとしてシグナリングされてしまい、恋愛には不必要な距離感ができてしまいます。

女性の心をほぐして公モードから私的モードに切り替えさせるために、敬語とタメ語をＭＩＸするテクを取り入れましょう。

これは、率先してタメ語を織り交ぜることで、女性からもタメ語を引き出し、「私的な関係」を誘発するほぐしテクです。

おすすめは、手始めに笑ったりツッコんだりする時に、タメ語を使うことです。

男「エビってどこで食べるのがおすすめですか？」

女「うーん、初島の漁の解禁に合わせて食べた伊勢海老、すっごい美味しかったです」

男「えーマジで？　伊勢海老はやばい（笑）　てかその島どうやって行くんですか」

女「やばくないよ！（笑）　めっちゃ安くて美味しくって〜」

**このように部分的にタメ語を混ぜることで、相手もタメ語で喋りやすくなります。**

相手が釣られてタメ語を使い出したタイミングを見て、徐々にタメ語の分量を増やしていきましょう。あくまで相手の心のほぐれ具合を見つつ、小出しにして様子を見るのが大事です。

突っ走りすぎると、距離感の読めない人という印象になって危険だからです。

**言葉と心は連動しているので、タメ語の増加具合に比例して、女性の心もほぐれます。**

言葉をコントロールして、彼女の心をほぐしていけば、二人の距離自体も縮まりますし、いいことづくめです。ぜひ取り入れてみてください。

緊張しているのはお互い様です。ここは男らしく女性をリードし、楽しく会話できるようにセッティングしてあげましょう。頑張った成果は回りまわって、「気遣い上手」「会話上手」「話しやすかった」などの評価に形を変えて、あなたに報いてくれるでしょう。

①初対面では女性も緊張しているので、男性がリードしてリラックスさせる
②心のオイルマッサージで女性の精神面をほぐす
③心の距離を縮めることを念頭に置く

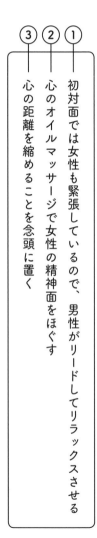

# また会いたい！と思わせる会話へのSTEP③

## 女性のコアに共感せよ！

女性の好む共感性の強い会話のできる男性は、非常に少なく感じるのですが、このテクを習得すると、「話していて楽しい！」と思ってもらいやすくなります。

これができるだけでかなりの差別化ができますから、ぜひ習得してくださいね。

## 事実の指差し確認トークは最悪。即刻やめるべし。

まず、男性がよくやりがちなダメトークについて説明します。

次ページの図表3－3をご覧ください。

**男性がやりがちで、女子から内心「つまんないなこの人」と思われているのが、この**

図表3-3　事実の指差し確認トークは最悪

どこに住んでるんですか？
仕事何やってるんですか？
趣味はなんですか？
冬休みは何してましたか？
家族構成は？

**「事実の指差し確認トーク」です。**

「事実のみに注目し、すぐに次のトピックに移る」のが特徴です。

男「どこに住まわれてるんですか?」
女「荻窪です」
男「荻窪……ここから何分くらいですか?」
女「30分くらいですかねぇ」
男「あ〜、意外と近いんですね……じゃあ仕事場も近いんですか?」
女「そうですね、一時間あれば着きます」
男「あ〜そんなに遠くなくていいですね……仕事は何をしているんですか?」

……このような会話に心当たりのある男性は、結構いるのではないでしょうか？

このように、物事の事実確認をひたすらしてしまうのが、会話下手な男性がよくするダメトークです。気づいていないかもしれませんが、女性は内心キレています。

この会話の難点は色々あります。**まず、すぐに会話のネタが尽きて、沈黙になってしまうことです。**会話がポンポン次のトピックに移るので、一瞬で喋ることがなくなり、沈黙が発生して気まずくなります。

**また、やっていることはただの事実確認なので、全く会話が盛り上がらない上に、女性の価値観や考えなどにもリーチできないので、肝心の共感ができないことも問題です。**

## 女性の価値観を抉《えぐ》る「ピラミッド話法」を習得せよ！

**女性との会話では、「彼女の価値観にリーチし、そこに共感すること」を常に意識してください。**ここが本当に、最も大事です。

入りは事実の確認でもいいですが、
そこからもう一歩進んで、**「なぜ彼女がそういう選択をしたのか？」**に注目し、**価値観を抉り出してください。**

具体的には、左の図表3－4のようになります。

**このピラミッドのように、「事実から価値観を抉り出す」ことを意識できるかが明暗を分けます。**

具体的な事柄から、抽象的な意識の段階まで、階層を上げていくイメージです。

ダメトークをする男性は、下から2番目のSTAGE2までしか話をできていません。

基本的に「Where/What/How」で会話をして、事実を把握したら、満足して次に行ってしまいます。

**しかし、その上の段階である、STAGE3以降に踏み込むことが、最も大事です。**

女性が物事を選択した動機や、根本的な価値観に迫る部分ですね。

女性は男性と比べると、モノよりも人や感情に興味のある生き物です。

自分の内面性にも非常に興味がありますし、本当はその部分をこそ誰かに語りたくて

図表3-4　ピラミッド話法

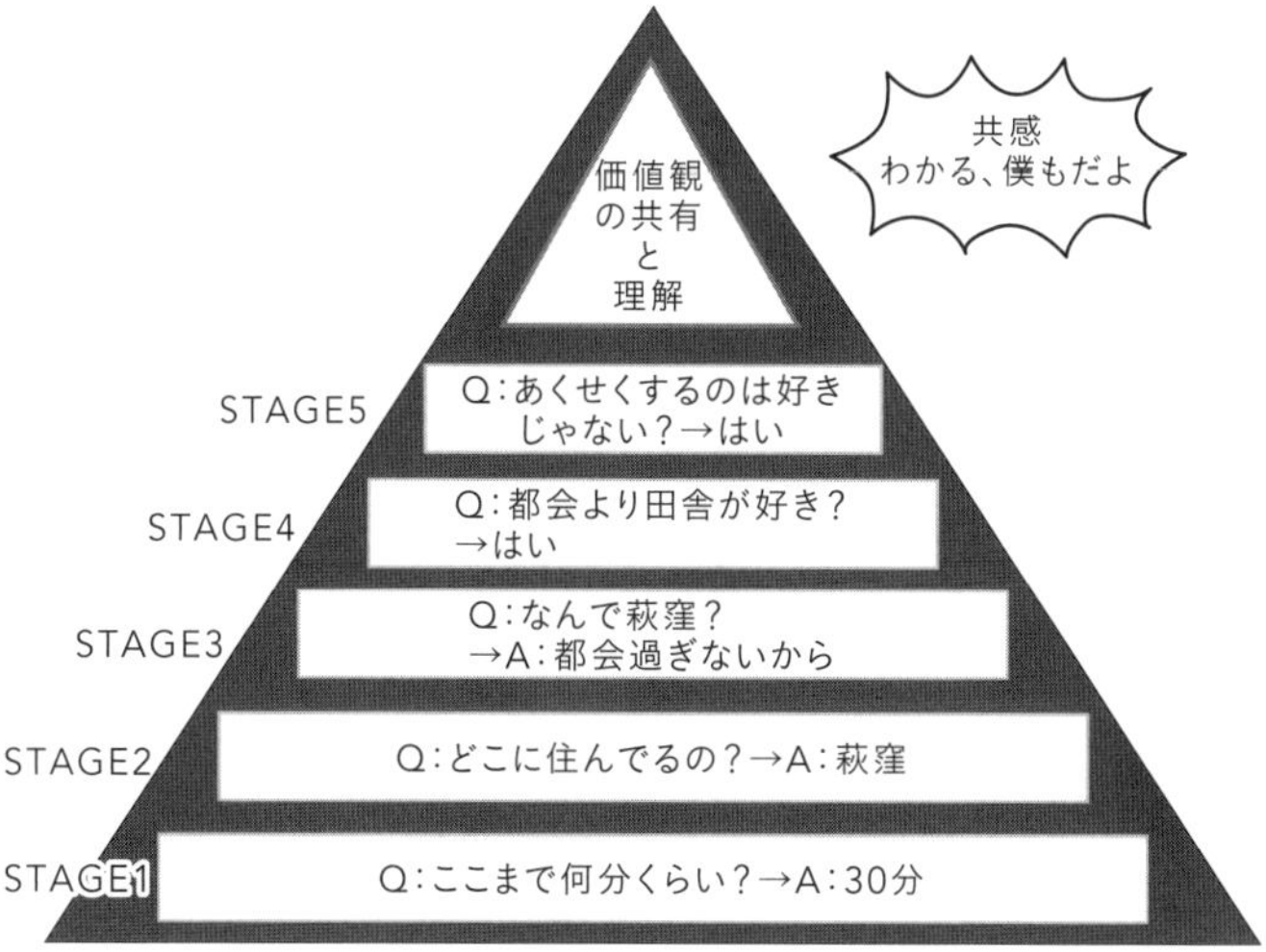
共感
わかる、僕もだよ
価値観の共有と理解
STAGE5
Q：あくせくするのは好きじゃない？→はい
STAGE4
Q：都会より田舎が好き？→はい
STAGE3
Q：なんで荻窪？→A：都会過ぎないから
STAGE2
Q：どこに住んでるの？→A：荻窪
STAGE1
Q：ここまで何分くらい？→A：30分

仕方がないのです。

それゆえ、「自分がなぜ、どう思って、そのような選択をしたのか」など、内面にアプローチする話を聞いてくれる男性には、そこについて思いっきり話せるため、会話の満足感が高く「この人と話していると楽しい！」と思ってもらいやすくなります。

逆に、事実確認トークは、最も話したい部分を話せない、痒いところに手が届かない会話です。そのため女性が不完全燃焼に陥ることから、「つまらない」と思われてしまうのです。

ダメトークにならず、満足度が高い

トークを簡単に演出できるワードが「Why」です。

相手に興味を持って、「なぜ？」の部分を深掘りしてみましょう。

男「どこに住まわれてるんですか？」
女「荻窪です」
男「荻窪！　なんで荻窪にしたんですか？」
女「あんまりゴミゴミしたところが好きじゃないんですよね」
男「あ〜、僕も都心すぎるところは好きじゃなくて(笑)。○○ちゃんも郊外派？」
女「うん、自然と一緒にゆったりのが好き」
男「わかる！　プライベートはまったりしてたいよね(笑)」

「Why？」の回答には、必ず理由か動機が来ます。

そこをさらに遡って、女性のコアな価値観に到達し、そこに共感してあげるのが肝なのです。

例の会話では、荻窪に住んでいるという事実から「なぜ荻窪にしたのか」、と質問することで、彼女の行動の動機に触れています。

そのままレイヤーを上げていくと「彼女はシティガール、というよりは自然派」というコアな価値観に到達できましたので、**ここで魔法の言葉をささやくのです。**


**「わかる〜、僕もだよ」**


これです。

**何がいいかというと、「価値観ベースの部分で共感してくれるということは、この人とは相性がいいかも！」と、女性が思ってくれることです。**

ピラミッド話法をするだけで、「会話していて楽しい＋相性も良さそう」という、好印象を与えることができます。

性格や価値観の一致は、恋人や配偶者選択において最も重視されるので、そう思ってもらえれば、異性獲得レースにおいてはかなり有利になります。

また、ピラミッド話法により、自分も相手のことを理解でき、「本当に自分と相性がいいか？」がわかるので、男性にも十分メリットがあります。

ピラミッド話法を駆使して、会話のおもしろいモテ強を目指しましょう！

① 事実確認のダメトークは即刻やめる
② ピラミッド話法で、女性の価値観を探る
③ 女性のコアな価値観に共感し、「相性のいい男性」であることをアピールする

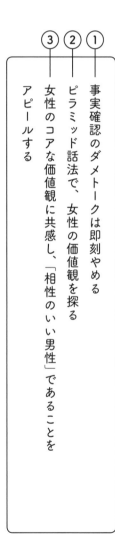

第 4 章

# モテ強の口説き戦略

## 男女の気持ちの盛り上がりの秘密

# 女性の理想は、「好意を持っている男が、いい感じのタイミングで口説いてくれること」

この第4章ではついに、恋愛の成否を分ける「モテ強の女性の口説き方」についてお話しします。

**口説きを成功させるためには、2つの条件が必要です。**

**1つは、女性の中に、自分への好意を育てること。**
**2つめは、女性が自分への好意を抱いたタイミングで、シュートを打つこと。**

この2つの要素を満たすことで、口説きは初めて成功します。

少年漫画などで、「面識はないけど電車で見かけてかわいいと思っていた女性にイキナリ告白する」などという演出がありますが、あれはフィクションです。顔面が三浦春馬さんレベルでない限り、いきなりの告白は成功しません。

繰り返しますが、女性にとって、男性は「脅威からスタート」です。脅威に思われている状態でいきなり告白しても、OKするわけがありませんよね。

口説きの成功のためには、まずあなたの中身を知ってもらい、「あ、この人なら大丈夫そう」と女性の心を開かせるという下準備が必要なのです。

一か八かの口説きの成功率はかなり低いので、避けましょう。

**また、好意を抱かせた後はタイミングを見極めて、口説きのシュートを打ってあげることが重要です。**

現代日本ではまだまだ、恋愛において、女性は受け身な立場です。

「好き好き、付き合って！」「抱いて！」と言ってきてくれる女性は少数派なので、男性がその役割を担う必要があります。

口説きの成否は、シュートのタイミングの見極めが握っています。

女性の様々な仕草や言動を観察して、「頃合い」を見定めた上で、口説きというシュートを打つ必要があります。


モテコンサルでも、この「頃合い」を掴むのが苦手な男性から、「告白のタイミングがわからない」というご相談をたくさん頂きます。

何回もデートを繰り返していたら、急に連絡が取れなくなった……。

1回目のデートで告白したら、引かれてしまった……。

というお話もたびたび伺うのですが、女性の気持ちの盛り上がりを捉えられず、煮え切らない態度に愛想を尽かされたり、逆に男性だけが盛り上がってしまいすぎると、こうした状況に陥りがちです。

タイミングが捉えていれば落とせたのに……と歯がゆくなるケースです。


慣れていない頃はどうしても、タイミングを逃したり、逆に早すぎたりして失敗することもあるでしょう。

しかし、何度も練習して波を捉えるテクや感覚が身につきさえすれば、あとは何度でも口説きのタイミングを掴めるようになるのです。

「女性の中に好意を育てる」ために役立つ方法は第1〜3章に記載しました。本章では「モテ強の口説き方」について、説明します。

熟読の上、「口説ける男」を目指しましょう！

## ① 口説きの成功には、好意とタイミングのどちらも必要

# 「男女の気持ちの盛り上がり曲線」の罠

## SHD ZONEのキモ行動に注意

恋愛に至るまでの気持ちの盛り上がり方は、実は男女で顕著に違いがあります。これが男女のすれ違いと悲劇を生む要因となっています。

端的に言えば、異性への気持ちの盛り上がりは、**「男性は打ち上げ花火、女性は線香花火」というイメージです。**

例えば、あなたの目の前にセクシー美女がいたら、「好き！」または「やりたい！」「デートしたい！」と瞬間的に感じてしまうのではないでしょうか。

一方で、女性は仮にイケメンが目の前にいたとしても、瞬時に「好きだ！」「抱いて！」

とはなりません。イケメンだとしても、他の要素がヤバい可能性も十分あり、その場合に発生しうる被害を想像すると、どうしても警戒せざるを得ないためです。

なので**女性は、出会い頭から全力で発情！　とはならない、といった特徴があります。**

女性の気持ちは線香花火のように、火をつけるとグズグズ赤くなりだし、だんだん丸い火の玉になって、臨界点を超えると一気にスパーク！　という経緯を辿ることを覚えておいてください。

なにが言いたいかというと、**「男女の気持ちの盛り上がり方にはズレがあるよ」**ということです。

世間でもよく言われていますが、いまいち男性の行動に反映されていないようなので、本書でもしつこく注意喚起をしておきます。

この気持ちの盛り上がり度を示す「男女の気持ちの盛り上がり曲線」を図にすると、次ページのイメージです（図表４－１）。

男性は打ち上げ花火さながら、出会いの初期から気持ちがグッと盛り上がり、セック

図表4-1　気持ちの盛り上がり曲線の罠

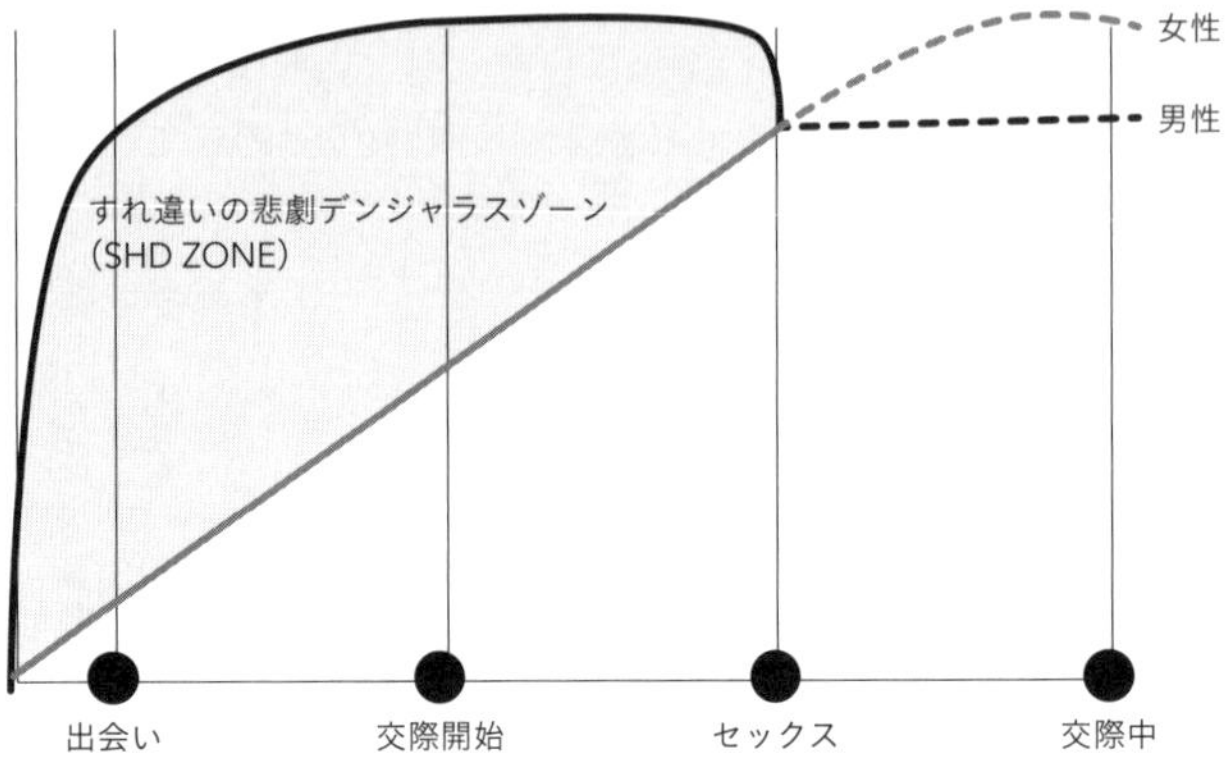


スをすると「なんか一旦やりきった感」が出て気持ちが落ち着きます。

引き換え女性は、知り合ってから「コイツ大丈夫か？」をチェックするテストをし、男性がそれをクリアするごとに好意度が上がり、セックスを経る頃にやっと気持ちがスパークしているかいないか、というイメージです。

ちなみに、セックス後は男性の好意度が下がりますが、図のように好意度が拮抗した状態で安定しない場合は、破局する可能性が高いと言えます。これがやり捨てが発生してしまうメカニズムです。

**図のアミカケ部分こそが、注意すべき「す**

**れ違いの悲劇デンジャラスゾーン」……S（すれちがいの）H（悲劇）D（デンジャラス）ZONEです。**

この段階では、男性は舞い上がって気持ちのコントロールも覚束なくなっている一方で、女性はめちゃくちゃシビアに男性を見ている時期です。

それはもう冷徹なまでの目線で、あなたを観察しているのです。

**この段階で「惚れた弱み」「好きな人なら許せる」のような、寛大さや慈悲の心を女性に期待することは全くできません。**

それゆえ、このSHD ZONEで浮かれた男性が起こすやらかしの数々……

力の入りすぎたLINE、アピール過多な会話、鬱陶しい媚態、重すぎるプレゼントなどなどは……シビアに女性の脳に刻まれ、「キモい男」の烙印を、無慈悲に押されてしまうのです。

モテ強になるには、相手を魅了する攻めの戦略も大事ですが、**「SHD ZONEでいかにキモい行動をしないか？」という守りの戦略も非常に重要です。**

ここでキモい行動を回避するだけで、ライバルにも簡単に差をつけることができます。

ＳＨＤ ＺＯＮＥでやりがちなキモい行動事例を挙げながら、「いかにしてキモくならないか」についての方法も分析しました。

キモ行動によって恋が打ち上げ花火のように散ることがないよう、本書を参考に予習しておきましょう。

①男女の気持ちの盛り上がりにはタイムラグがある
②セックスまでのＳＨＤ ＺＯＮＥに注意
③ＳＨＤ ＺＯＮＥでは、女性はシビアに観察しているのでキモ行動に敏感

# 恋の障壁を突破せよ！

ここで、女性がどういう感情の盛り上がりを辿るのかについて、より詳しく見てみましょう。

女性と出会い、交際し、セックスし、結婚に至るまでには、図の様に女性の4つの壁を越えなければいけません。

自分がどこの壁で引っかかりがちなのか？　を考えながら読んでみてください。

**【第一の壁＝不審者の壁】**

**最初の関門は、「不審者の壁」です。**

ここでは女性が、**「この人とは関わっても大丈夫か？　まともな男性か？」**という観点でチェックしています。

| | | |
|---|---|---|
| 4 | 結婚の壁 | ①相互理解　③信頼性<br>②深い共感性　④誠実性 |

**4を超えるために求められる要素**
お互いを理解しているか。信頼し、助けあうことができるか。長期的なパートナーとしてふさわしいか

| | | |
|---|---|---|
| 3 | 異性の壁 | ①「男らしさ」のアピールができるか<br>②「強さ」の表現<br>③性的興奮の誘発 |

**3を超えるために求められる要素**
性的な興奮を感じられるか。適切に口説くなど、性的アピールができるか。

| | | |
|---|---|---|
| 2 | 友人の壁 | ①会話が成立するか<br>②会話が楽しいか<br>③自己開示（自分・相手） |

**2を超えるために求められる要素**
親しみやすく、打ちとけて話ができるか。一緒にいて楽しいと思うか。お互いの自己開示は進んでいるか。

| | | |
|---|---|---|
| 1 | 不審者の壁 | ①ペーパースペック<br>②外見の第一印象<br>③会話の最初の1分 |

**1を超えるために求められる要素**
今後、人間関係を進めていくにふさわしい人間であるか。社会通念や常識があるか。

## 越えられていない可能性のある男性

- ○街コンでマッチしない
- ○アプリでマッチしない
- ○同コミュニティの女性に絡んでもらえない
- ○出会いの場に身を晒しているのに、女性と接触が持てない

### 判断基準

**社会性があってマトモな人間そうか？　というのが判断のポイントです。**

外見面で言うと清潔感を損なっていたり、著しくダサい、臭い、だらしない、暗い、距離感がおかしいなど、社会性を欠いているイメージがあると減点です。

他には、挨拶ができるか？　などの常識面や、笑顔がある、視線を合わせられる、発声が明瞭であるなど、ノンバーバルな部分で受ける印象が社会生活に問題がなさそうな感じであれば、概ねＯＫです。

アプリでマッチしない場合は、プロフィール文の整備が不十分で人となりが良くわからなかったりすると、まともであるという判断が下せずに、「不審者の壁」が越えられていないこともあります。

写真が変だとマッチしないのは、顔の良し悪しもありますが、「著しく客観性がない」と判断され、まとも扱いされていないことも考えられます。

## 【第二の壁＝友人の壁】

「不審者の壁」をくぐり抜けると、**次は「友人の壁」です。**

ここでは女性が、**「この人とは一緒にいて楽しいか？　相性がいいか？」**という観点でチェックしています。

### 越えられていない可能性のある男性

◎初回デートから次に続かない

◎なかなか会う予定が入らない

## 判断基準

**一緒にいて楽しめるか？　というのが判断のポイントです。**

基本的なコミュニケーションが取れることは前提で、「また会ってもいい」と思えるくらいの楽しさを提供できることが肝要です。

相性の良さ、価値観の一致、話した時の居心地の良さを感じさせられると、より越えやすい傾向にあります。

不審者の壁を越えているので一度はデートできても、2回目に繋がらない……という男性はここで弾かれている可能性が大きいです。

## 【第三の壁＝異性の壁】

「友人の壁」をクリアすると、**次は「異性の壁」です。**

ここでは女性が、**「男としての魅力はどうか？　セックスしてもいいか」**という観点で、チェックしています。

## 越えられていない可能性のある男性

◎友達にしか見れないと言われる
◎いい人なんだけど……と言われるが付き合えない
◎グループでしか会ってもらえない
◎女友達はやたらできるが恋人ができない

### 判断基準

**男を感じられるか？　というのが判断のポイントです。**


端的に言えば、**「この人とHしたいかどうか」**のジャッジがされています。

初対面の第一印象でおおよそ決定されがちですが、会話の内容や振る舞い、内面性などで、のちのち挽回できることもあります。

外見面で言うと、著しく太っていたり、ガリガリでひ弱そうだったり、見た目の印象がイケてなさすぎるのは減点です。清潔感があったり、スタイルが良かったり、筋肉がついていたり、センスの良さが感じられると有利です。

内面は、女性をリードできるか、押すべきところで押せるかなど、行動で男らしさをアピールできるのが重要です。また、女性は自分より格上の男性が好きな傾向があるので、なにか尊敬できるような要素があると非常に高得点です。

自信がないそぶりや媚び、お笑いキャラなどの弱い男っぽさを出してしまうと、かなりの減点を食らいます。また、経済力を一種の男らしさと取る女性も多いので、ケチもかなり不利です。

## 【第四の壁＝結婚の壁】

本書では男女の交際に関する部分にフォーカスしていますが、参考までに第四の壁である「結婚の壁」についても言及しましょう。

ここでは女性が、**「生涯を共にする夫・父親としての魅力はどうか？」**という観点でチェックしています。

## 越えられていない可能性のある男性

○交際はできるけど、長続きしない
○プロポーズを断られる

結婚に至る判断は男性優位な傾向にはありますが、これらの男性は結婚の壁を越えられていない可能性があります。

### 判断基準

**パートナーとして、「父親として大丈夫か？」というのが判断のポイントです。**

異性の壁を越えている時点で外見面はクリアしているはずなので、主に内面にチェックが入ります。

この段階では、交際を経た上で価値観が一致しているか、信頼ができるか、大きなマイナス要素がないか、お互いのことを理解していると感じられるかなど、長期的な関係を見据えた性質面での相性が重要です。

長期的に協力関係が築けないと判断されるとマイナスになりがちですが、この段階にいる女性は男性に惚れていたり、結婚に焦っていたりなどして採点が甘口になる場合も多く、多少難があっても、この壁を越えられることがあります。

**彼女を作るために越えるべきは、第一〜第三の壁です。**

自分の経験を振り返って、どこで脱落しているのかを把握し、問題点を掴みましょう。友人の壁で引っかかっている男性は、女性を楽しませることができていない可能性があるので、第2章を読んで会話力を身に付けましょう。異性の壁で止まってしまう男性は、口説き方や男らしさを損なうキモい行動が原因かもしれませんので、本章を熟読してください。

女性の評価体系の中での立ち位置を把握し、着実に目の前の壁を越えられるように正しい努力をするのが大切です。

① 女性と付き合うまでには、3つの壁がある

② 自分がどの壁で引っかかっているのかを把握し、目前の壁を越える努力をする

# SHD ZONEにおけるキモ行動での減点を回避せよ！

ここではSHD ZONEで悲劇に見舞われないよう、このゾーンにいる時にやらかしがちな男性のキモ行動について、分析をしてみました。モテコンサルで伺った、リアルな実体験を参考事例にして解説しています。人の振り見て我が振り直せ。先人の失敗を糧に、「やらかさないモテ強」を目指しましょう。

## ①負のギャップでキモい

ギャップがあるとモテる！　と巷ではよく言われますが、全てのギャップがモテに作用するわけではありません。

**ギャップには正と負があり、正のギャップはモテますが、負のギャップはマイナスになるだけです。**

例えば、一見家事なんてしそうもない黒ギャルが、鯖の味噌煮を上手に作れたら萌えますよね。これは印象をマイナスからプラスに持っていく、正のギャップです。

一方で、風俗に行った男性が一度は引っかかるというパネマジ。20代美人巨乳が出てくると思ったら、ただのツインテールおばさんが登場する絶望。

あれこそが、期待値をプラスからマイナスに持っていく負のギャップです。

基本的に人間は、何かが手に入った時のお得感よりも、持っていたものをなくした時の喪失感を、より強く感じます。

相手の想像を悪い方向に裏切る負のギャップを作ってしまうと、他に加点要素があっても、「なんだコイツ」というマイナスの印象を抱かれ、不利になるリスクがありますから、負のギャップを作らないようにするのが肝要です。

## 事例1　自称モデル男性の場合

1度目のデートはできても、なかなか次に繋がらない！と言って相談をしてくださった男性。

スタイルがよく、センスも顔も悪くなく、コミュ力もあったので、「なんでだろう？」と不思議に思っていました。

しかし、利用しているマッチングアプリを拝見したところ、その原因にピンとくるものが……。

なんとプロフィールの写真が、盛りっ盛りに盛られていたのです。

元のお顔も素敵なのですが、加工でかなりのイケメンに盛られていました。

さらにプロフ文には、「モデルとしても活動中！」とのアピールも。

嘘ではないのですが、これだと女性に、「芸能人並のイケメンが来る！」と過大な期待値を抱かせすぎてしまいそ

うです。

対面時に、負のギャップ効果でのマイナスを凌駕する加点を叩き出せればいいのですが、挽回できない場合は、かなりしんどい勝負になってしまうでしょう。

### 事例② 赤ちゃん返り男性の場合

晴れて女性とお付き合いできたはいいものの、なぜか振られてしまいがち……という男性。カサッとした感じの理知的な文学青年で、クールなイメージだからモテそうなのになあと思いました。

しかし話を伺うと、交際後には赤ちゃんばりの甘えんぼキャラに変身し、彼女にバブりまくってしまうとのこと……。

なまじ見た目がクールでかっこいい系なだけに、元彼女からしたらその負のギャップの衝撃は計り知れなかっただろうと、心中お察ししてしまいました。

女性の気持ちをがっちり掴む前に、最初の印象とかけ離れたことをして負のギャップを発動させてしまうと、「こんなはずじゃなかった!」と、返品されるリスクがあります。

イメージに合わない本性があったとしても、女性の心を掴むまでは出すのを我慢しましょう。

## 事例からの学び 「話が違う！」を作らない

事例1のように盛りすぎるにしろ、事例2のように大きなマイナスを見せるにしろ、女性に「話が違う！」とショックを与えるレベルの負のギャップを作ってはいけません。最初から盛りすぎない、本性は徐々に見せていくなど、惚れさせるまでは「相手の期待値をうまくコントロールする」という意識を持って、SHD ZONEを乗り越えていきましょう。

## ② 媚びすぎでキモい

女性を口説くにあたって、必ず守らなければいけない鉄則の1つが、**「必ず対等以上の目線で接する」**ことです。

端的に言えば**「媚びるな」**ということです。

媚びとは、相手に気に入られようとして振る舞う態度のことを指しますが、「相手に気に入られようとしている」時点で、すでに目線が下からですよね。

それゆえ、媚びるということは全身で「自分は弱い男です！」と宣言することに他ならず、女性の弱い男センサーをビンビンに刺激し、「この男はダメ！」とぶった切られてしまうという寸法です。

SHD ZONEでは、相手に好きになってもらいたいと思うあまり、目線が下からになってしまう男性が非常に多いのですが、完全に逆効果なのでやめてください。
媚びてくる弱い男を好きになる女性はいません。

望ましいスタンスとしては、

「君のことはとても素敵だと思ってる。だからよかったらデートにも行きたいし、付き合いたいんだ。でも、別に

嫌ならしょうがないよね」

くらいのテンションであれば、対等と言えます。この精神を頭に叩き込んで崩さないでください。

## 事例① 好きな子に限って成功しない男性の場合

モテないわけではないが、好きな子に限って告白が成功しない！

という男性からのご相談がありました。

彼はバリバリの経営者で頭も良く、世間でいうハイスペの方です。

黙っていても女性が寄ってきそうなタイプに見えるので、この相談はとても意外だったのを覚えています。

しかし、話を伺うと、好きになった女性を確実に口説きたいという思いが強すぎて、女性の顔色を事前に窺うような質問を、デート中に頻繁にしていたのです。

○○ちゃんはこういう男どう思う？

○○ちゃんはこういうの好き？
○○ちゃんはこうされたらどう思う？

などなど、相手に嫌われる行動を取らないようにするため、会話の中で探りの確認を入れていたのですね。

これは女性からすれば、好かれたいのがわかりまくりな、「ＴＨＥ・媚び」の弱者仕草でしかありません。

もし対等に接していれば、結果も全く違ったのではないかな、と思わせる事例でした。

## 事例②　謝り倒す男性の場合

女性経験が少なく、ちょっと気弱な男性に、意中の女性とのＬＩＮＥのやり取りを見せてもらったことがありました。

見た瞬間に走る違和感。

文章中に、やたら謝罪が多いのですね。しかも全く必要のないところなのです。

例えばデートの予定調整で、投げた候補日程に相手の都合が合わなかった時、
男「やっぱその辺り忙しかったよね？　気が利かなくてごめんね（汗）」
女「謝らなくていいよ（笑）」
男「イラッとさせちゃったかと思って、ごめん（汗）」
といった具合に、相手が気にもしていないところで、無駄に謝罪を連発するのです。

これは、相手の不興を買いたくない、嫌われたくないという、心の優しい男性がやってしまいがちな媚びですが、女性からしたら意味もなく謝られると弱い男センサーを刺激されてしまうので、逆効果になってしまうのです。

事例からの学び

## 下から目線で顔色を窺ってもいいことなし

あなたにとって好きな女性に価値があるように、あなたにも価値があります。
だから、無理に媚びて好かれようとしなくても、対等以上の目線で接すれば、もしあ

なたに価値があれば、相手はそれを評価してくれます。

よって、そもそも女性に対し、下から媚びる必要など一ミリもないですし、媚びてまでアプローチするということは、「自分には価値が不足しているかも」という不安の表明にほかなりません。

そんな男性を女性が好きになるはずもないので、目線は絶対に下げないでください。堂々と「俺、こんな感じだけど、どう？　もし気に入ってくれると嬉しいけど」くらいのノリを徹底しましょう。

相手に気遣いをしたり、優しくしたりすることと、下から目線の顔色窺いや媚びを混同する男性が多いのですが、これは明確に違います。

**気遣い、優しさは「相手に快適になってほしい」という相手本位、顔色窺い、媚びは「自分が相手に好かれたい」だけの自分本位の考えです。**

女性は自分のことしか考えていない、せせこましさを敏感に察知して、媚びる男性を嫌っている、ということもあるかもしれませんね。

## ③ 必死すぎてキモい

押しが弱くて口説けない男性がモテないのは当然ですが、押しが強すぎても同じくモテませんので、注意が必要です。

ＳＨＤ ＺＯＮＥでは、男性の気持ちが先にスパークしがちなのに対し、たいていの女性は男性よりも冷静です。そのため、この時期に男性が気持ちのままに先走ってガンガン押しまくってしまうと、「必死すぎてキモい」と思われてしまうケースが多々見られます。

必死で余裕のない男性は、女性からすると非常に気持ちが悪く、遠ざけられてしまいがちです。なぜなら、自分の気持ちを置き去りにして、勝手に盛り上がってる男性は、怖いからです。

おそらく「男性が勝手に熱を上げた結果、自分が襲われるかもしれない」というリスクを感じてしまうのでしょう。実際にストーカーなど、互いの熱量差から起きてしまう事件も未だにありますからね。

必死の口説きは、女性の気持ちが温まっていれば「情熱的」と評価されるかもしれませんが、そうでない場合は、ただの嫌悪対象になってしまいます。

女性と自分の熱量には差があることを認識し、相手の気持ちを置き去りにして突っ走らないよう、気持ちの見せ方をコントロールすることが重要です。

## 事例① 猪突猛進男性の場合

恋の駆け引きがわからない！　とご相談をくださった男性。

話を聞くと、デートはできるものの、いつも交際には繋がらない、とのことです。

スペックも高く、コミュ力もあるので不思議に思っていたのですが、どうも相手をゲットしたい！　と焦るあまり、行動が性急になっている様子でした。

例えば、初回のデートですぐに愛の告白をしたり、
デートの約束を取り付けようと頻繁に連絡して縋ったり、

女性の職場（アパレルショップ）に何度も顔を出したり、告白を保留にされたら、白黒ハッキリつけさせようと、すぐに決断を迫ったり……

女性の気持ちを置き去りにして、「押し」一辺倒の戦法をとっているわけですね。こうなると女性視点では、「なんか知らんけど勝手に盛り上がっててキモい」と思われかねません。また、「あなたの気持ちはわかったけど、ちょっとこっちのことも考えて！」というイメージを与えてしまいかねず、そのあたりで非常に損をしているように思われる事例でした。

事例からの学び

## 盛り上がってもいいけど、見せ方には注意して！

素敵な女性を見たら、「ゲットしたい！」と熱を上げてしまうのはよくわかります。しかし、その気持ちをそのまま相手にぶつけてもいいことはありません。

女性は最初からアクセル全開なわけでもないということを知った上で、相手の気持ちの盛り上がりを見極めつつ、コントロールしながら小出しにしていくようにしましょう。

イメージは二人三脚です。一人が突っ走ったら転んでしまうでしょう?

**女性との気持ちの歩調を合わせて、必死さではなく、余裕を感じさせながら口説くのが、モテ強の作法なのです。**

## ④ 考えすぎてキモい

SHD ZONEでは、「相手は自分のことをどう思っているの⁉」という疑問が終始付きまといます。そのため、気のつく人ほど、相手のちょっとした反応から気持ちを想像して悩んだり、不安になってしまいがちです。

しかし、ここで変に思いつめすぎるのは危険です。

勝手にあれこれ考えすぎた挙句、キモい行動に走って自爆したり、逆に考えすぎて何もできなくなったりする自爆ケースが散見されます。

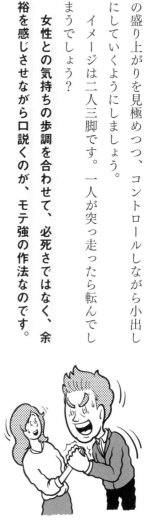

余計な妄想に囚われて変な行動をしないよう、くれぐれも注意してください。

## 事例① 妄想メンヘラ男性の場合

意中の女性を口説くご相談にいらしてくださった男性。

相手の気持ちがわからないのが不安で、いつもつい余計なLINEを送ってしまうとのこと。

そこで、うまくいかなかった女性たちとのやりとりを見ると、メンヘラLINEの数々が……。

例えば、女性の返信が遅くなった時に、

「誘って迷惑だったかな？　嫌なら返信いらないから」

電話に出なかった時に、

「もしかしてデート中？　邪魔してごめんね」

などなど。

普通に考えれば、相手がLINEや電話に即レスできない状況があることは、容易に想像ができそうですよね。しかし、SHD ZONEでは特に相手の気持ちが見えないのが不安を掻き立て、ネガティブな妄想に囚われた結果、ついメンヘラチックなことを口走ったりします。

しかし、女性からしたら、「うわメンヘラ男キモっ」という感想しかなく、妄想が当たっていようが外れていようが、良いことは一ミクロンもありません。

何の意味もないのに損だけする、愚行そのものです。

## 事例② 考えすぎてフリーズ男性の場合

恋愛初心者の男性に多いのですが、「相手の気持ちが読めず、何もできなくなってしまう！」

というご相談を頂くこともよくあります。

たいてい、相手の気持ちを先回りして考えすぎた結果、自己完結して動けなくなって試合終了……となっていることが非常に多いです。

例えば、次のデートの予定がスムーズに決まらなかったりすると、

「ああ、本当は断りたいけど断れないから、はぐらかしているのだろうな……」

とネガティブに自己完結して、早々に諦めてしまったりするんですね。

本当にはぐらかしていることもないとは言えませんが、相手も忙しかったり予定が詰まっている可能性もありますし、勝手に諦めたところで機会損失でしかありません。

ウィンドウズ95ばりに、ぐるぐると自分の中で考えすぎてフリーズするのは、貴重なチャンスをむざむざ逃していて、勿体なさすぎます。

事例からの学び

## 考えすぎても良いことはない

女性の反応を受けて、相手の心境を想像するのは良いことですが、ついネガティブな方にも妄想が膨らみがちです。

しかし、ネガティブな考えを、そのまま行動に移しても、良いことはありません。

**メンヘラ化したりフリーズしたりしたところで、恋がうまくいく可能性は、ゼロです。**

他のことに注意を向けるなど工夫して、余計なことを言ったりやったりしないように、自分をうまくコントロールしましょう。

**「これをされたら、女性はどう思うか？」と客観的に想像するのがオススメです。**

①SHD ZONEでは絶対キモ行動をしない

②キモ行動は①負のギャップ②媚びすぎ③必死すぎ④考えすぎがある

# キモくてもいい、相手のために己をコントロールせよ！

ここまで、SHD ZONEでやらかしがちなキモ行動について、事例を踏まえながら解説してきました。

相手のことを「いいな」と思っていれば思っているほど、力んでしまいがちですよね。特に経験の少ないうちは、仕方ないと思います。

でもいいんです、落としたいと焦るあまりに、キモいことを考えてしまっても。なぜなら、誰にも頭の中は読めないから。どんなことを考えていても、相手にはバレません。

ではなぜバレるか？　というと、その考えを行動に移してしまうからなんですね。

**だからたとえ変な発想をしてしまっても、自分をコントロールして「キモい行動を取**

**らない＝相手にキモさを察知されない」ようにすればいいのです。**

そのためには何が必要か？

**①自分の感情を客観視すること**

**②相手のことを想像すること**

です。

まず、キモい行動をしがちな人は、その場の感情にすぐ流されてしまっています。

対策としては、**「感情と行動を分けて考える」**というのが有効です。

「あ、感情に流されてキモい行動を取ろうとしているな」と感じた時に、一旦、そういう感情に囚われている自分を、客観的に分析しましょう。

頭の上に第二の自分が浮いていて、自分を眺めているイメージです。

そこで、今抱えている感情と、なぜその感情が誘発されたのか、の2点を一旦考えてください。

例えば、好きな女性に送ったLINEが未読で、返事が来なかったとしますよね。
あなたは、不安になって「ごめん、迷惑だった?」と、すぐに追加LINEをしたくなる……。

**そこでまず、「あ、自分は不安になっているな」と自覚します。**
次に、「LINEが未読のままで放置されているから不安なんだな」と原因を冷静に考えます。こうすることで、一旦、行動を起こす手が、止まるはずです。

そうしたら、次のステップです。
あなたは今、「自分は彼女がLINEを読んでいないことに不安になっていて、追加でLINEを送ろうとしている」と、自分を分析できている状態です。

**そこで、「追加でLINEを送られたら、相手はどういう気持ちになるだろう?」と相手の状況や感情を想像するのです。**

そうすれば、

「たまたま見てないだけかもしれないし、追加ＬＩＮＥが来たら迷惑かもな」

「こっちが必死なことが伝わって、引いちゃうかもな」

「送るにしろ、もっと違った内容でアプローチした方がいいかな」

と、相手の反応をイメージすることができます。

そうすると、「本当に今その行動を取るのが適切か？」と冷静に自分の行動を見直すことができるのです。**このステップを踏めば、感情に流されて発作的な行動を取るリスクは下げられます。**

## キモい行動がキモいのは、自分のことしか考えてないのがわかるから

この章で挙げた行動を、なぜ女性がキモいと思うかというと、「自分のことしか考えていない」のが伝わるからです。

「相手に好かれたい！」と思うのは、あくまで自己都合です。

そのために媚びられたり必死になられたり、一方的にキモいアプローチをされる相手

はたまったものではありませんよね。

そんな自己中な男性を、女性が魅力的に感じるわけもありません。

恋愛は、ひとりよがりでは成就しません。

**好きな女性にはつい「自分を受け入れてほしい！」と思ってしまいます。**

**それを押し付けるのではなく、先に相手のことを考えられるかどうかが、漂うモテ強の「余裕」に繋がるのです。**

①行動に出すまではキモくない
②「好かれたい！」というのは自己都合
③相手を思いやる余裕のある態度が、モテ強の秘訣

# 恋はトライ&エラー&検証で！

## 恋のPDCAでモテ強になろう

本章では、モテ強になるための口説き方についてお伝えしました。

ここまで来たら、女性と親密になるプロセスが見えてきたと思いますので、あとは実践あるのみです。

最後にシュート、口説きを決めるタイミングについてですが、**基本的には、「3回目のデートでキメる」という戦略でいいでしょう。**

「3回目のデートでは何かが起こる」という共通認識は、一般にまだ残っています。

つまり、女性も「次は3回目のデートだから、告白されるかも……」と思っている可能性が高いわけです。その予測があるのにデートに来てくれていると考えると、そここの脈が期待できます。

逆にそのタイミングを逃しすぎると、相手が好意を持ってくれていた場合、「どういうつもりで自分と会っているのか」と、あなたの煮え切らない態度に冷めたり、損切りされるリスクが高くなってきます。

振られるのが怖くて、告白できずタラタラとデートを重ねる男性も多いですが、その結果フェードアウトされることはザラにあります。少なくとも3〜4回目のデートまでには、なんらかの意思表示をした方が良いでしょう。

## 傷つくのは怖いけど、死なないから大丈夫。どんどんPDCAを回そう

そもそも恋愛には失敗がつきものなので、振られようが、デートでヘマしようが、そこまで気にすることはありません。

失敗したら傷ついてしまうのが人間ですが、死ぬわけではありません。

失敗は、むしろ普通です。

自転車に乗るのだって、最初はバランスの取り方のコツがわからなくて転んだりしますよね。

恋愛も同じで、最初からうまくいくわけがありません。

問題は、その転びまくる時期がいつかです。

いまモテにモテている人たちは、元からモテモテ人生だったように見えますよね。

しかし、どんなにモテる男性でも、中学か高校か大学か……人生のいずれかの時期に、全くモテずに、転びまくって苦渋を味わっているのです。

でも、普段の生活では他人の苦労した時期が見えないので、現モテ強と比べると、「自分はなんてダメなんだ……」と思ってしまうかもしれません。

しかし、それは、ただの時期のズレの問題です。

あなたには今、すっ転んで経験を積む時期が来ているというだけです。

どうか気にすることなくすっ転びまくってください。

**失敗を恐れて何もできなくなることが、恋愛において一番の痛手です。**

とはいえ、ただ闇雲に失敗を重ねるだけでは成長効率が悪いので、失敗してしまった場合は、ぜひ検証タイムを設けてください。

女性はあなたを振った本当の理由はまず言ってくれません。仮説ベースでいいので、失敗した原因を自分なりに分析してみましょう。

本書と照らし合わせて、「何かキモい行動はしてないかな?」と反省会をするのもいいでしょう。

明確に心当たりがあれば、次回からのデートに活かすようにしてください。

こうしたらうまくいくかな？　これを試してみようかな？

そうやって試行錯誤するうちに、筋のいい打ち手が見えてくると思います。

**「あ、こうすれば相手の反応が良いのか」**

**という気づきを積み重ね、経験を重ねるうちに自分の必勝パターンが見えるようになります。**

それこそが、「女性慣れ」というものです。

これを会得した時には、あなたもモテ強の仲間入りをしていることと思います。

女性に振られても死にません。

何人の女性に振られようがあなたが全否定されたわけではないので、いくらでも転んで大丈夫です。

トライ＆エラーで経験を積み検証を重ねる、恋のＰＤＣＡを回して、モテ強への道を歩んでいきましょう。

① 告白は3回目のデートをメドに

② 失敗するのが普通。トライ&エラー&検証↓トライのサイクルが大事

③ 振られても、死なない

第 5 章

# モテ強のセックス戦略

## なぜ女性は「セックスしたい」と言ってくれないのか

# なぜ女は「今日抱いて」と言えないのか

男性にはあまりピンとこないかもしれませんが、一般的な女性にとって、「セックスしたい！」と口に出すのは、まだまだ非常にハードルの高いことです。なので、あなたは女性のさまざまな反応を見極めて、「エイヤ！」とベッドインのお誘いができないと、セックスにはありつけません。

最近は、昏睡レイプ事件などの影響で、「セックスの明確な同意、不同意を事前に確認すべきだ！」という議論も巻き起こっています。しかし、実際の現場ではどうでしょう。

「セックスしましょう」「はいＯＫです！」というビジネスライクなやりとりは、同意あるセックスにおいてもされていないことが、大半です。

なんとなくお互い察しあって……コトに至るのが現状ではないでしょうか。

なぜそうなるかというと、多くの女性の感覚では「好意を持っている男から、いい感じにこちらのOKサインを察して誘ってもらいたい。自分から明確にOKとは言いたくない」というのが、本音だからです。

少女漫画を見てみてください。「セックスしよ！」と言うヒロインは、少数派です。大概は、憎からず思っている男性に強引に押し倒されたり、チューされたりして、キュンキュンしているストーリーばかりです。

「なんでや！　女性もちゃんと意思表示してくれよ！」

という全男性の咽《むせ》び泣きが聞こえてきますが、これは女性としても致し方ないことなので落ち着いてください。これには理由があるのです。

# 女性が「セックスしたい！」と言えない理由

女性が最も恐れることのひとつが何か、ご存じでしょうか？

それは、**「男性から、軽々しく股を開く女だと思われること」**です。

なぜならそれは、いわば**「本命コースの女」から脱落することを意味するからです。**


貞操堅固な女性をイメージさせる「清楚」は褒め言葉ですが、貞操観念がない女性を褒める言葉はありません。

その代わり、「ビッチ」「尻軽」「ヤリマン」など、侮蔑の言葉はたくさんあります。


これが何を意味しているかと言うと、「女性は貞淑であれ」という社会の目です。

長らく、女性の性欲は文化的に極めて丁重に押し隠され、「なかったこと」にされていました。

「男性に求められて仕方なく応じる」というスタンスが奥ゆかしくて至高とされており、自分の性欲をあらわにする女性は「あってはならないもの」だったのですね。性的に奔放な女性は、他人の子を孕む可能性があって危険だから、侮蔑して排除せねばならなかったのです。

だから一般の女性は、男性に選んでもらうために自らの性欲を押さえつけ、発情の表現をタブー視してきました。

そんな中で性を声高に叫ぶ女は、本命にはなり得ない「奔放な女」や「商売女」と認識されていたのだと考えられます。

多くの女性にとって、恋愛のゴールは「結婚」や「本命の女になること」ですから、性欲をあらわにし、万が一にも「本命にはふさわしくない女」のレッテルを貼られることは、避けなければなりません。

だから、女性は口を閉ざし、自分から「抱いて」と言うことに抵抗を持つようになったのでしょう。

「求められたから仕方なく」

「そんなつもりじゃなかったのに」

「だって私は本命用の女だから」

セックスしてもいいと思っていても、そういう「ポーズ」を取らないと体を開けなくなってしまった彼女たちを誰が責められるでしょうか？

こうした背景がある中で、女性から「セックスＯＫです！」と明確な意思表示を期待するのは難しく、男性は女性の挙動から察して、お誘いをかけなければいけないのが実情です。

第５章ではモテ強のセックスについて分析していますが、女性をスムーズにベッドに誘うためのヒントも記載していますので、これを読んで、「複雑な女ゴコロも抱ける男」を目指しましょう。

①女性は「セックスしたい」と言えない
②男性から誘わなければ、セックスにはありつけない

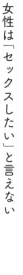

# セックスへの誘い方

前項では、女性が自分から、「セックスしたい」とハッキリ言うのがいかに困難か説明しました。

一方で、女性としても関係が進展しないのは困りますし、あなたも好きな女性とはセックスしたいと思うはずです。

しかし、女性からはなかなか意思表示がされないため、「いつ、どうやって誘ったらいいんだ……」と悩む男性も多いのではないでしょうか。

そこで、ここでは交際成立後を想定して、初めてのセックスへのスムーズな誘い方について分析したいと思います。

# 愛の脚本家になれ

女性は、「あっ、こいつセックスをしたがっている！」と男性に思われることを恐れていますから、「セックスをしよう！」「家に来なよ！」と言う単刀直入なお誘いには、なかなかOKしづらいです。

なので使い古されたテクニックではありますが、**「女性にセックス以外の言い訳を与えて密室に連れ込む」というのは、現代でも有効です。**

**「自分はそんなつもりはなかった、でも求められてしまった、だから仕方なかった」**

**ポイントは、女性に美しい言い訳ストーリーを与えてあげることです。**

「セックス以外の目的のためについて行ったのに、なんかセックスすることになっちゃった♡」という結末に導ける導線を、逆算しながら作ってあげることが重要です。

なので、あなたは**愛の脚本家**になり、**うまく密室に誘うストーリーを創作してあげる**

**ことが、腕の見せ所になります。**

## 愛のエクスキューズ集

美しい愛の言い訳ストーリーを創作するにあたって最も肝要なのが、「納得感のある言い訳ネタ」です。

ここがどれだけ自然かどうかで、密室に入る女性の心理的ハードルもグンと下がります。

使えそうな言い訳を挙げてみたので、よろしければ参考にしてみてください。

○家で手料理をふるまう

↓料理男子にはオススメの言い訳です。料理の腕もアピールできるし、室内に入ることに違和感も全くありません。安く上がるし良いことずくめです。

○ペットをダシにする

↓女性は大抵動物好きなので、ペットがいるとなれば高確率で「見たい！」となるのでヌルゲーができます。犬猫は飼うのもそれなりに大変ですが、たぶんハムスターくらいでも喜んで来るので、飼うのもありです。

○登山に行く

↓山登りをすると疲労がたまり、高確率で温泉に行きたい気持ちになります。そして山の付近には高確率で温泉があります。下山ののち、温泉でも行く？　と誘ってみましょう。ノッてきたら、シレッと泊まり前提で宿を探しましょう。

おそらく「え？　泊まり？」と言われるので、「遅くなるし眠くなりそうだし、泊まらない？」と返して様子を窺いましょう。

○家を漫画喫茶にする

↓流行りの漫画、映画ＤＶＤなど、相手の興味のありそうなエンタメ作品を常備しておき、それをネタにして連れ込む戦略です。品揃えがカギ。

○先生になる
↓相手が苦手としているものを、「教える」というテイで相手の家に上がりこんだり、連れ込んだりする手法です。勉強でも良いですし、パソコンセットアップでもなんでも可です。

頼れるオトコを演出できます。

○カフェになる
↓自宅近くで飲んだ後などに、コーヒーでも飲んでく？　などと家に誘うスキームです。

コーヒー・紅茶完備、デロンギのコーヒーメーカーでカフェラテなど作れるとなお良し。

○ふるさと納税を頼みすぎる
↓ふるさと納税の返礼品が大量に来て困ってる！　食べるの手伝って！　という言い

訳です。返礼品の処理に困るのはあるあるですし、納税額が多いアピールにもなるので一石二鳥です。

最悪、買ったものを、さも送られて来たかのように偽装することも可能です。

○エアコン消し忘れた

↓自宅近くで飲んだ際に、「エアコン消し忘れたから、家寄っていい？」と言って、家に連れ込む手法です。

一軒目から二軒目のお店に移動する時に使うと効果的です。緊急性の高さをアピールできる演技力がキモになってきます。

## 部屋に入ったらグダらない

愛の脚本が功を奏し、密室に二人きり。

そこから「どう手を出せば良いんだ!?」と迷われますよね。

ここまでくると、女性も「今日、やっちゃうのかしら!?」と少なからず意識していることから、逆に隙がなくなったりするので、攻めあぐねてしまうかもしれません。

どうしたらいいかわからず、朝まで何も起こらず健全解散……となる悲劇も。

そうならないためにも、部屋に入ったらあまり時間を浪費せず、サクッと手を出すアプローチを仕掛ける方がいいでしょう。

**様子を見つつ、目安は1時間以内に、なんらかのアクションを起こしたいイメージです。**

例えば、まずはソファで二人で並んで座っている状況から、腰に手を回してジャブを打ち、身を寄せつつ隙を見てキス、そうしながら胸や太ももをまさぐるなど、ジリジリと距離を詰め、それっぽい空気に持っていきましょう。

**「え〜」とか「イヤ」とか言う子もいますが、ポーズで言っている場合と、本気の場合が混在しています。**

あまりビビらず、「嫌？」「ダメ？」などと聞いてみましょう。

女性の意向は絶対に確認しながら進めないといけませんので、性急なのは危険です。

**女性が断る隙間を作りながらコトを進めると、後々トラブルにもなりにくいと思われます。**

ガチで嫌がっている時は、語気が強くなったり、体に力が入って抵抗してきます。相手の様子を観察しながら、くれぐれも同意の確認はしつつ、行ってくださいね。

ここでは交際後のセックスを想定しているので、よっぽどの場合でない限り、そこまでの拒否反応を持たれることはないとは思いますが、男性がリードして上手に誘えるかどうかで、あなたに対する評価も変わってくるかもしれません。

双方にとっていいセックスができるように、女性の心をスムーズにほぐすエスコートを心がけていきましょう。

① 女性がセックスを許すには、エクスキューズが必要
② 言い訳を作るために、愛の脚本家になれ
③ 女性の意向確認をしつつ、リードせよ

最終章

# 本当に幸せな恋愛のために

# かけがえのない男になる

## あなたなしでは生きていけない！　と言わせるには

ここまで本書をお読みくださったあなたには、きっと遠からず彼女ができることでしょう。

しかし、そこで「彼女ができた！」と安心しきってはいけません。

男女の関係は始めるよりも、続けることの方が時に難しいものです。

この章では、女性と交際がスタートした後に、いかにしてうまく関係を継続するか？　ということについて、お話しさせて頂きます。

### かけがえのない男になるには

好きな女性のことは大事にしたいし、また、あなたも大事にされたいですよね。

大切にされるものと、されないものには違いがあります。

**キーワードは、「替えがきかず」「希少なもの」です。**

何事につけても「一点モノ」というだけで価値がハネ上がり、大事にされます。

**あなたも、彼女にとっての「一点モノ」を目指すことが、関係をスムーズに、そして有利に進める上で、非常に重要です。**

というのも、「替えがきく」ものは、しばしば粗末に扱われてしまうことがあるからです。

例えば、職業や年収などの表面的なスペックをエサに、彼女をゲットしたとしましょう。

しかし、スペックしか評価されていなければ、自分より上位の人に彼女が口説かれた瞬間に捨てられる可能性があります。

なぜなら、スペック自体にはいくらでも上の人がいるからです。

美人がお金持ちに見初められたはいいものの、美しさを失ったら捨てられる、なんていう話も聞きます。美人なんて他にもいるからですね。

何が言いたいかというと、一点モノの男になるためには、**「代わりのきく表面的な部分で勝負はできず、あなたの人間力で勝負しなければならない」**ということです。

そのためには、

**「その女性を世界中の誰よりも深く理解し、コンプレックス含めて存在そのものを丸ごと愛する」のです。**

人は、誰かに自分のことを、深く理解してほしいという願望を持っています。

それを知った上で、自分を丸ごと受け入れてほしいと願っています。

だからあなたは、彼女との関係を築く中で、たくさん彼女の話を聞いてあげてください。

彼女の気持ちに寄り添って、受け止めてあげてください。

そうすると、彼女が何を大事にしているかとか、秘めたるコンプレックスだとか、本心で何を考えているのか、が見えてくるでしょう。

そうしたら、それを受け入れてあげてください。

彼女が何よりも仕事に生きるキャリア女子であれば、「頑張っているところが好きだよ」と言いましょう。

家族を大事にしている彼女であれば、「家族思いで素敵だね」と言いましょう。

自分の顔が嫌いと言うのならば、「僕は好きだよ」と言いましょう。

できれば行動でも、彼女の想いをサポートしてあげてください。

自分の深い内面というのは、誰にでも見せるものではありません。

また、見せたところで、受け入れてもらえないこともしばしばあります。

特にコンプレックスなどは、誰かに否定されたトラウマがある場合が多いですからね。

だからこそ、自分を誰よりも理解してくれ、大切にしている価値観に共感してくれ、コンプレックスも丸ごと受け入れて助けてくれるパートナーは希少であり、「かけがえのない」存在と見なされやすくなります。

**あなたが狙うべきは、このポジションです。**

もちろん、相手の価値観や意見を無理してまで認める必要はありません。

全てを無理やり受け入れろという話ではありません。

「それは変だ」と思うことがあれば伝えてもいいし、合わないと感じる部分が多ければ、相性が悪いので、別れてもいいでしょう。

いずれにせよ、相手のことを深く理解するのは、関係を続けるにしろ、別れに繋がるにしろ、二人の利益に資する行いです。

「あなたしかいない」と思われれば、浮気されるリスクも低くなるし関係も長期円満、いいことずくめです。

彼女の深いところまで理解し、丸ごと受け止める度量のある「かけがえのないモテ強」を目指しましょう。

①代わりのきく存在は、捨てられやすい

②希少で代替性のない一点モノの男を目指す

③彼女の存在そのものを愛する

## あとがき

さて、ここまでさんざん「男性は、恋愛資本主義社会を生き抜くために努力しろ！　モテ強になれ！」

とうるさく言って参りました。

しんどかったと思います。ここまで読んでくださってありがとうございました。

ここで恋愛の目的が何か？　と改めて考えると、究極的には、ハッピーになることです。

好きな女性をゲットする……

不特定多数にモテまくる……

ラブラブな恋愛をする……

結婚する……

家庭を作る……

などなど。人生をより豊かなものにして、幸せを感じることが目的ですよね。

その目的のために、現代では、男性は頑張らなければいけない部分が多々あるのは事実ですが、**一方であなたがハッピーでなければ、何の意味もありません。**

だから、どうか**「自分がハッピーであるか？　ハッピーになれそうか？」**ということは、常に頭に入れて、チェックする癖をつけておいてほしいのです。

コンサルを受けてくださるお客様の中には、変な女性が金銭をたかってきたり、貢がせようとしてきたり、都合のいい男として使おうとしてきたり、そんな話をたびたび伺います。

彼女なのに騙そうとしたり、男性を思い通りにコントロールしようとする女性もいます。

それでハッピーなら別にいいのです。

でも、もし違うのであれば、時にはＮＯ！　を叩きつけましょう。

好かれようと思うあまり、相手の便宜を図りすぎて、自分がハッピーでない……

ということになったら、本末転倒です。

手段と目的を履き違えてはいけません。

ハッピーじゃない恋愛なんて、する必要がないではありませんか。

いついかなる時でも、相手のことも思いやりつつ、自分のことも大切にしてあげることは、忘れないでください。

自分も女性も楽しい恋愛をして、ハッピーラブライフを送りましょう♡

勝倉千尋
上智大学外国語学部ドイツ語学科卒。新卒で（株）三菱東京UFJ銀行（現三菱UFJ銀行）に総合職として入行。法人営業・外資系企業向け不動産ファイナンス業務に携わりつつ、副業でモテコンサルとして活動。モテコンサル事業が軌道に乗り、2019年7月に銀行を退職し、独立。銀行で培った分析力と論理的思考能力を活かした「女性視点のオーダーメイド恋愛コンサル」が人気。その他、独自のマッチングサービス運営やメディア執筆など、「恋愛資本主義社会の中で、1人でも多くの非モテ男をモテ男に」を目指し、多岐にわたる活動をしている。Twitterアカウント@Cryptobanker_Z

# 恋愛《れんあい》資本《しほん》主義《しゅぎ》社会《しゃかい》のためのモテ強戦略論《きょうせんりゃくろん》
～ The Bible of Winning a Woman's Heart ～

2020年5月20日　初版第1刷発行

著　者　　勝倉千尋
発行者　　岩野裕一

発行所　　株式会社実業之日本社
〒107-0062　東京都港区南青山5-4-30
CoSTUME NATIONAL Aoyama Complex 2F
電話（編集）03-6809-0452　（販売）03-6809-0495
https://www.j-n.co.jp/
印刷・製本　大日本印刷株式会社

装丁・本文デザイン　三森健太（JUNGLE）
本文DTP・校正　株式会社RUHIA
編集　金山哲也（実業之日本社）


ISBN 978-4-408-33916-0（新企画）